교육부 지정
초등필수 영단어 800 따라쓰기

2024년 12월 10일 초판 1쇄 인쇄
2024년 12월 15일 초판 1쇄 발행

엮은이 우등생스터디
발행인 손건
마케팅 최관호
디자인 빅픽처
제작 최승용
인쇄 선경프린테크

발행처 *LanCom* 랭컴
주소 서울시 영등포구 영신로 34길 19, 3층
등록번호 제 312-2006-00060호
전화 02) 2636-0895
팩스 02) 2636-0896
홈페이지 www.lancom.co.kr
이메일 elancom@naver.com

ⓒ 우등생스터디 2024
ISBN 979-11-7142-073-5   13740

교육부
지정

초등필수 영단어

우등생스터디

800

따라쓰기

LanCom
Language & Communication

이 책의 구성 및 활용법

이 책은 교육부에서 지정한 초등 필수 영단어 800개를 따라쓰기와 직접 쓰면서 익힐 수 있도록 구성하였습니다. 1일 10단어 80일 구성으로 되어 있으며 1주가 끝나면 연습문제를 통하여 그 주에 공부한 단어를 확인할 수 있습니다.

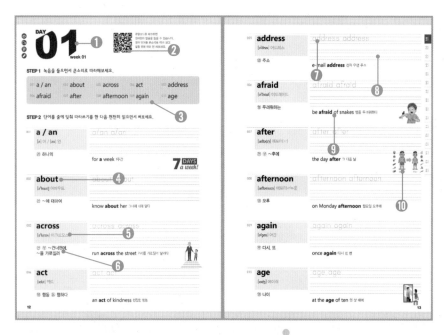

1단계

단어 바르게 쓰고 뜻 익히기

❶ 하루에 10단어씩 16주 80일로 구성하였습니다.

❷ 큐알(QR)코드를 스마트폰 카메라로 체크하면 바로 원어민의 발음을 들을 수 있습니다.

❸ 하루에 익혀야 할 단어를 한눈에 미리보기를 합니다.

❹ 표제단어는 모두 알파벳 순으로 배열하였습니다.

❺ 단어마다 정확한 발음기호를 표기하였으며, 한글로도 발음을 표기하여 누구나 쉽게 읽을 수 있습니다.

❻ 단어의 뜻은 가능한 간략하게 표시하였으며 품사 표시도 함께 두었습니다.

❼ 두 번씩 따라쓰기를 할 수 있도록 하였습니다.

❽ 직접 쓰면서 암기할 수 있도록 빈칸을 두었습니다.

❾ 단어의 뜻을 쉽게 파악하고 기억이 오래 가도록 암기구(Phrase)를 두었습니다.

❿ 지루하지 않도록 몇 개의 그림을 두어 암기에 도움이 되도록 하였습니다.

2단계

연습문제로 단어 복습하기

한 주에 배운 단어를 복습하면서 암기의 효율성을 높이고 잊어버린 단어는 재학습을 통해 반복할 수 있습니다.
왼쪽에는 영단어를 보고 우리말 뜻을 네모칸에 써넣도록 하였으며, 오른쪽에는 우리말 뜻을 보고 네모칸에 영단어를 써넣도록 하였습니다.

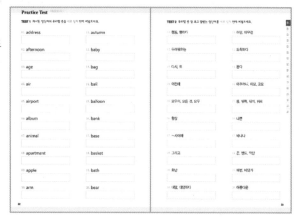

차례

알파벳 Alphabet

알파벳은 영어를 표기하기 위해 사용되는 문자로 자음 21자와 모음 5자를 합쳐 총 26개의 글자가 있습니다. 알파벳에는 **대문자**(A, B, C, D, E …)와 **소문자**(a, b, c, d, e …)가 있는데, 각각의 글자 모양과 소리를 함께 잘 알아두어야 합니다.

Aa [eɪ 에이]	**Bb** [biː 비이]	**Cc** [siː 씨이]	**Dd** [diː 디이]
Ee [iː 이이]	**Ff** [ef 에프]	**Gg** [dʒiː 쥐이]	**Hh** [eɪtʃ 에이취]
Ii [aɪ 아이]	**Jj** [dʒeɪ 줴이]	**Kk** [keɪ 케이]	**Ll** [el 엘]
Mm [em 엠]	**Nn** [en 엔]	**Oo** [oʊ 오우]	**Pp** [piː 피이]
Qq [kju: 큐우]	**Rr** [ɑ:(r) 아아(르)]	**Ss** [es 에쓰]	**Tt** [tiː 티이]
Uu [ju: 유우]	**Vv** [viː 븨이]	**Ww** [ˈdʌblju: 더블유우]	**Xx** [eks 엑스]
Yy [waɪ 와이]	**Zz** [ziː 즤이]		

발음기호 Phonetic Symbol

단어를 읽기 위해서는 일정한 발음 규칙이 필요한데, 이것을 기호로 나타낸 것이 발음기호입니다. 발음기호는 괄호 [   ]안에 표기를 하며 이러한 발음기호가 어떤 소리를 내는지 알면 영어를 자유롭게 읽을 수 있습니다.

● 자음 Consonant

자음이란 발음을 할 때 공기가 혀나 입, 입술, 입천장 등에 부딪히며 나는 소리입니다. 자음은 [k], [p], [t]와 같이 성대가 울리지 않는 무성음과 [b], [d], [g]와 같이 성대가 울리는 유성음으로 구성되어 있습니다.

[p]	**pig** [pɪg 피그] 돼지	[b]	**book** [bʊk 북] 책
[t]	**tie** [taɪ 타이] 넥타이	[d]	**dream** [driːm 드리임] 꿈
[k]	**king** [kɪŋ 킹] 왕	[g]	**girl** [gɜːrl 거르얼] 소녀
[f]	**face** [feɪs 페이스] 얼굴	[v]	**five** [faɪv 파이브] 다섯
[ð]	**brother** [ˈbrʌðə(r) 브러더(ㄹ)] 형제	[θ]	**three** [θriː 쓰리이] 셋
[s]	**sun** [sʌn 썬] 해	[z]	**zoo** [zuː 주우] 동물원
[ʃ]	**shark** [ʃɑːrk 샤아르크] 상어	[ʒ]	**leisure** [ˈliːʒər 리이저르] 여가
[tʃ]	**church** [tʃɜːrtʃ 처어르취] 교회	[dʒ]	**June** [dʒuːn 주우운] 6월
[l]	**lion** [ˈlaɪən 라이언] 사자	[r]	**rose** [roʊz 로우즈] 장미
[n]	**nose** [noʊz 노우즈] 코	[m]	**mail** [meɪl 메일] 편지

[h]	**hair** [heə(r) 헤어(ㄹ)] 머리카락	[ŋ]	**song** [sɔːŋ 쏘옹] 노래
[j]	**yes** [jes 예스] 네	[w]	**wood** [wʊd 우드] 나무

● 모음 Vowel

모음이란 발음을 할 때 공기가 혀나 입, 입술, 입천장 등에 부딪히지 않고 목과 입 안의 울림으로 나는 소리입니다. 모든 모음은 성대가 울리는 유성음으로 구성되어 있습니다.

[ɪ]	**milk** [mɪlk 밀크] 우유	[iː]	**sheep** [ʃiːp 쉬입] 양
[ʊ]	**cook** [kʊk 쿡] 요리사	[uː]	**movie** ['muːvi 무우비] 영화
[e]	**desk** [desk 데스크] 책상	[ə]	**teacher** ['tiːtʃə(r) 티이처(ㄹ)] 교사, 선생
[ɜː]	**bird** [bɜːrd 버어ㄹ드] 새	[ɔː]	**door** [dɔː(r) 도오(ㄹ)] 문
[æ]	**cat** [kæt 캣] 고양이	[ʌ]	**cup** [kʌp 컵] 컵
[ɑː]	**bar** [bɑː(r) 바아(ㄹ)] 막대기	[ɒ]	**on** [ɒn 온] ~위에
[ɪə]	**ear** [ɪə(r) 이어(ㄹ)] 귀	[eɪ]	**wait** [weɪt 웨이트] 기다리다
[ʊə]	**poor** [pʊə(r) 푸어(ㄹ)] 가난한	[ɔɪ]	**boy** [bɔɪ 보이] 소년
[əʊ]	**show** [ʃəʊ 셔우] 보여 주다	[eə]	**air** [eə(r) 에어(ㄹ)] 공기
[aɪ]	**my** [maɪ 마이] 나의, 내	[aʊ]	**cow** [kaʊ 카우] 암소

품사 Parts of speech

영어 단어는 크게 8가지로 분류될 수 있습니다. 우리는 이것을 영어의 **8품사**라고 합니다. 명사(noun), 대명사(pronoun), 동사(verb), 형용사(adjective), 부사(adverb), 전치사(preposition), 접속사(conjunction), 감탄사(interjection)가 바로 이것들입니다. 이 8품사가 문장에서 어떻게 쓰이는지 알아봅시다.

1 모든 사물의 이름인 **명사** (noun)

명사는 사람, 동식물이나 사물, 장소의 이름, 명칭을 나타내며 문장에서 주어, 목적어, 보어로 쓰입니다.

father(아버지), desk(책상), dog(개), flower(꽃), air(공기), water(물) …

2 명사를 대신하는 **대명사** (pronoun)

사람, 동식물이나 사물의 이름을 대신하여 나타냅니다.

I(나), you(당신), she(그녀), he(그), this(이것), who(누구) …

3 주어의 움직임을 나타내는 **동사** (verb)

사람, 동물, 사물의 동작이나 상태를 나타내며 문장에서 없어서는 안 될 중요한 역할을 합니다. 주부와 술부로 이루어진 우리말에서 술부의 끝맺음 말에 해당하여 '~다'로 해석됩니다.

go(가다), come(오다), see(보다), eat(먹다), know(알다), read(읽다) …

4 명사를 예쁘게 꾸며주는 **형용사** (adjective)

사람, 동물, 사물의 성질이나 상태를 나타냅니다. 문장에서 보어로 쓰이며 명사를 수식하고 부사의 수식을 받습니다.

kind(친절한), small(작은), wise(현명한), many(많은), good(좋은), red(빨간) …

5 동작을 더욱 섬세하게 나타내는 **부사** (adverb)

수식하는 어구나 문장의 뜻을 분명하게 나타내며 동사, 형용사, 다른 부사를 수식하거나 문장 전체를 수식합니다.

very(매우), much(많이), here(여기에), early(일찍), beautifully(아름답게) …

6 명사보다 한 발 앞서나가는 **전치사** (preposition)

문장 또는 다른 어구와 문법적 관계를 나타내며 명사나 대명사 앞에 놓여 다른 말과의 관계를 나타냅니다.

at(~에서), in(~안에), on(~위에), from(~로 부터), under(~아래에) …

7 말과 말을 서로 연결해 주는 **접속사** (conjunction)

단어와 단어, 구와 구, 문장과 문장을 이어줍니다.

and(그리고), but(그러나), or(또는), so(그래서), because(왜냐하면) …

8 내 감정을 표현하는 **감탄사** (interjection)

기쁨, 슬픔, 화남, 놀라움 등의 감정을 나타내는 말로 감탄사 뒤에는 느낌표(!)를 붙입니다.

oh(오오), ah(아아), hurrah(만세), bravo(브라보) …

이 책의 표기 알아보기

명사 (noun)	명	부사 (adverb)	부
대명사 (pronoun)	대	전치사 (preposition)	전
관사 (article)	관	접속사 (conjunction)	접
동사 (verb)	동	감탄사 (interjection)	감
형용사 (adjective)	형		

apple

erase   egg

off

StArT

parents

tree

open

to

school

DAY 01
week 01

큐알코드를 체크하면
원어민의 발음을 들을 수 있습니다.
영어 단어를 큰소리로 따라 읽고
밑줄 위에 여러 번 써보세요.

STEP 1 녹음을 들으면서 큰소리로 따라해보세요.

001 a / an	002 about	003 across	004 act	005 address
006 afraid	007 after	008 afternoon	009 again	010 age

STEP 2 단어를 줄에 맞춰 따라쓰기를 한 다음 직접 또박또박 써보세요.

001 a / an
[ə] 어 / [ən] 언

㉔ 하나의

a/an a/an

for **a** week 1주간

002 about
[əˈbaʊt] 어바우트

㉓ ~에 대하여

about about

know **about** her 그녀에 대해 알다

003 across
[əˈkrɔːs] 어크로오스

㉓ ㉕ ~건너편에,
~을 가로질러

across across

run **across** the street 거리를 가로질러 달리다

004 act
[ækt] 액트

㉜ 행동 ㉓ 행하다

act act

an **act** of kindness 친절한 행동

12

005 **address**

[əˈdres] 어드레스

⑲ 주소

address address

e-mail **address** 전자 우편 주소

006 **afraid**

[əˈfreɪd] 어프레이드

⑲ 두려워하는

afraid afraid

be **afraid** of snakes 뱀을 두려워하다

007 **after**

[æftə(r)] 애프터(ㄹ)

⑲ ⑲ ~후에

after after

the day **after** 그 다음 날

008 **afternoon**

[æftərnuːn] 애프터ㄹ누운

⑲ 오후

afternoon afternoon

on Monday **afternoon** 월요일 오후에

009 **again**

[əˈgen] 어겐

⑲ 다시, 또

again again

once **again** 다시 한 번

010 **age**

[eɪdʒ] 에이쥐

⑲ 나이

age age

at the **age** of ten 열 살 때에

DAY 02
week 01

큐알코드를 체크하면
원어민의 발음을 들을 수 있습니다.
영어 단어를 큰소리로 따라 읽고
밑줄 위에 여러 번 써보세요.

STEP 1 녹음을 들으면서 큰소리로 따라해보세요.

011 ago	012 air	013 airport	014 album	015 all
016 along	017 always	018 among	019 and	020 angry

STEP 2 단어를 줄에 맞춰 따라쓰기를 한 다음 직접 또박또박 써보세요.

---

011 ago
[ə'goʊ] 어고우

(부) 이전에

ago ago

fifty years **ago** 50년 전에

---

012 air
[eə(r)] 에어(ㄹ)

(명) 공기

air air

fresh **air** 신선한 공기

---

013 airport
['eəpɔːt] 에어포오트

(명) 공항

airport airport

meet at the **airport** 공항에서 만나다

---

014 album
['ælbəm] 앨범

(명) 앨범

album album

a photo **album** 사진첩

---

week
01
week
02
week
03
week
04
week
05
week
06
week
07
week
08
week
09
10
11
week
12
week
13
week
14
15
16

015 **all**

[ɔːl] 오올

⑧ 모두의 ⑭ 모든 것, 모두

all all

all boys 모든 소년들

016 **along**

[əˈlɔːŋ] 어로옹

⑳ ⑭ ~을 따라서

along along

walk **along** the street 길을 따라 걷다

017 **always**

[ˈɔːlweɪz] 오올웨이즈

⑭ 항상

always always

always late 항상 늦다

018 **among**

[əˈmʌŋ] 어멍

⑳ ~사이에

among among

a house **among** the trees 나무들 사이의 집

019 **and**

[ænd] 앤드

⑳ 그리고

and and

stick-**and**-carrot 채찍과 당근

020 **angry**

[ˈæŋɡri] 앵그리

⑧ 화난

angry angry

be **angry** with me 나에게 화가 나 있다

DAY 03 week 01

큐알코드를 체크하면
원어민의 발음을 들을 수 있습니다.
영어 단어를 큰소리로 따라 읽고
밑줄 위에 여러 번 써보세요.

STEP 1 녹음을 들으면서 큰소리로 따라해보세요.

021 animal	022 answer	023 any	024 apartment	025 apple
026 arm	027 around	028 arrive	029 as	030 ask

STEP 2 단어를 줄에 맞춰 따라쓰기를 한 다음 직접 또박또박 써보세요.

021 **animal**

['ænɪml] 애니믈

㊔ 동물

animal animal

a wild **animal** 야생 동물

022 **answer**

[ænsə(r)] 앤써(ㄹ)

㊔ 대답 ㊢ 대답하다

answer answer

a perfect **answer** 완벽한 대답

023 **any**

['eni] 에니

㊕ 어떤, 아무런

any any

any people 어떤 사람

024 **apartment**

[əpɑːrtmənt] 어파아ㄹ트먼트

㊔ 아파트

aapartment apartment

a new **apartment** 새 아파트

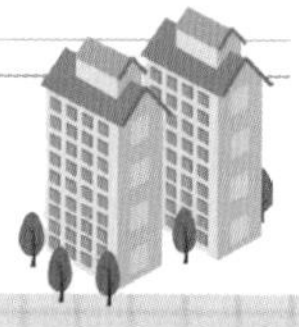

01
WEEK 02
WEEK 03
WEEK 04
WEEK 05
WEEK 06
WEEK 07
WEEK 08
WEEK 09
WEEK 10
WEEK 11
WEEK 12
WEEK 13
WEEK 14
WEEK 15
WEEK 16

025 **apple**

['æpl] 애플

명 사과

apple apple

choose an **apple** 사과를 고르다

026 **arm**

[ɑːrm] 아르암

명 팔

arm arm

make a long **arm** 팔을 쭉 뻗다

027 **around**

[əˈraʊnd] 어롸운드

전 부 ~주위에

around around

set **around** the fire 불 주위에 둘러앉다

028 **arrive**

[əˈraɪv] 어롸이브

동 도착하다

arrive arrive

arrive at a village 마을에 도착하다

029 **as**

[æz] 애즈

전 접 ~로서, ~만큼

as as

as a friend 친구로서

030 **ask**

[æsk] 애스크

동 묻다

ask ask

ask about me 나에 관해 묻다

DAY 04

week 01

큐알코드를 체크하면
원어민의 발음을 들을 수 있습니다.
영어 단어를 큰소리로 따라 읽고
밑줄 위에 여러 번 써보세요.

STEP 1 녹음을 들으면서 큰소리로 따라해보세요.

031 at	032 aunt	033 autumn	034 away	035 baby
036 back	037 bad	038 bag	039 ball	040 balloon

STEP 2 단어를 줄에 맞춰 따라쓰기를 한 다음 직접 또박또박 써보세요.

---

031 **at**

[æt] 애트

㉑ ~에

at at

arrive **at** the station 정거장에 도착하다

---

032 **aunt**

[ænt] 앤트

㈐ 아주머니, 이모, 고모

aunt aunt

his **aunt** 그의 고모

---

033 **autumn**

[ˈɔːtəm] 오오텀

㈐ 가을 (= fall)

autumn autumn

a calm **autumn** day 어느 고요한 가을날

---

034 **away**

[əˈweɪ] 어웨이

㈘ (~로부터) 떨어져

away away

a ship far **away** 멀리 떨어진 배

---

035 **baby**

[ˈbeɪbi] 베이비

명 아기

baby baby

a smile at a **baby** 아기에게 미소 짓다

036 **back**

[bæk] 백

명 등, 뒤쪽 형 뒤의 부 뒤로

back back

back and forth 앞뒤로

037 **bad**

[bæd] 배드

형 나쁜

bad bad

bad news 나쁜 소식

038 **bag**

[bæg] 백

명 가방

bag bag

put into a **bag** 가방에 넣다

039 **ball**

[bɔːl] 보올

명 공

ball ball

throw a **ball** 공을 던지다

040 **balloon**

[bəˈluːn] 벌루운

명 풍선

balloon balloon

blow up a **balloon** 풍선을 불다

DAY 05

week 01

큐알코드를 체크하면
원어민의 발음을 들을 수 있습니다.
영어 단어를 큰소리로 따라 읽고
밑줄 위에 여러 번 써보세요.

STEP 1 녹음을 들으면서 큰소리로 따라해보세요.

041 banana	042 band	043 bank	044 base	045 basket
046 bath	047 be	048 beach	049 bear	050 beautiful

STEP 2 단어를 줄에 맞춰 따라쓰기를 한 다음 직접 또박또박 써보세요.

041 **banana**

[bəˈnænə] 버내너

몡 바나나

banana banana

a bunch of **bananas** 바나나 한 송이

042 **band**

[bænd] 밴드

몡 끈, 밴드, 악단

band band

listen to the **band** playing 악단이 연주하는 것을 듣다

043 **bank**

[bæŋk] 뱅크

몡 은행

bank bank

work at a **bank** 은행에서 일하다

001

044 **base**

[beɪs] 베이스

몡 기초

base base

a solid **base** 탄탄한 기초

week 01
week 02
week 03
week 04
week 05
week 06
week 07
week 08
week 09
week 10
week 11
week 12
week 13
week 14
week 15
week 16

045 **basket**

[bǽskɪt] 배스킷

명 바구니

basket basket

carry a **basket** 바구니를 나르다

046 **bath**

[bæθ] 배쓰

명 목욕

bath bath

take a **bath** everyday 매일 목욕하다

047 **be**

[bi] 비

동 ~이다, ~있다

be be

be on guard 경비를 서고 있다

048 **beach**

[biːtʃ] 비이취

명 해변, 바닷가

beach beach

play on the **beach** 해변에서 놀다

049 **bear**

[ber] 베어ㄹ

명 곰

bear bear

a black **bear** 흑곰

050 **beautiful**

[ˈbjuːtɪfl] 뷰우티플

형 아름다운

beautiful beautiful

a **beautiful** girl 아름다운 소녀

Practice Test

TEST 1 제시된 영단어의 우리말 뜻을 네모 상자 안에 써넣으세요.

01. address

02. afternoon

03. age

04. air

05. airport

06. album

07. animal

08. apartment

09. apple

10. arm

11. autumn

12. baby

13. bag

14. ball

15. balloon

16. bank

17. base

18. basket

19. bath

20. bear

TEST 2 우리말 뜻 잘 보고 알맞는 영단어를 네모 상자 안에 써넣으세요.

01. 행동, 행하다

11. 어떤, 아무런

02. 두려워하는

12. 도착하다

03. 다시, 또

13. 묻다

04. 이전에

14. 아주머니, 이모, 고모

05. 모두의, 모든 것, 모두

15. 등, 뒤쪽, 뒤의, 뒤로

06. 항상

16. 나쁜

07. ~사이에

17. 바나나

08. 그리고

18. 끈, 밴드, 악단

09. 화난

19. 해변, 바닷가

10. 대답, 대답하다

20. 아름다운

DAY 01
week 02

STEP 1 녹음을 들으면서 큰소리로 따라해보세요.

051 because	052 become	053 bed	054 before	055 begin
056 behind	057 bell	058 below	059 bench	060 beside

STEP 2 단어를 줄에 맞춰 따라쓰기를 한 다음 직접 또박또박 써보세요.

051 **because**
[bɪkɔːz] 비코오즈

㉿ ~때문에

because because

because it rained 비가 왔기 때문에

052 **become**
[bɪˈkʌm] 비컴

㉿ ~이 되다

become become

become a doctor 의사가 되다

053 **bed**
[bed] 베드

㉿ 침대

bed bed

sleep on a **bed** 침대에서 자다

054 **before**
[bɪˈfɔː(r)] 비포오(ㄹ)

㉿ ㉿ ~전에

before before

before sunrise 해가 뜨기 전에

055 **begin**

[bɪˈgɪn] 비긴

동 시작하다

begin begin

begin a test 시험을 시작하다

056 **behind**

[bɪˈhaɪnd] 비하인드

전 부 ~뒤에

behind behind

hide **behind** the door 문 뒤에 숨다

057 **bell**

[bel] 벨

명 종, 벨

bell bell

ring a **bell** 종이 울리다

058 **below**

[bɪˈloʊ] 빌로우

전 부 ~아래에

below below

fall **below** zero 0도 이하로 떨어지다

059 **bench**

[bentʃ] 벤취

명 긴 의자, 벤치

bench bench

a **bench** in the park 공원의 벤치

060 **beside**

[bɪˈsaɪd] 비싸이드

전 부 ~옆에

beside beside

sit down **beside** me 내 옆에 앉다

25

DAY 02
week 02

큐알코드를 체크하면
원어민의 발음을 들을 수 있습니다.
영어 단어를 큰소리로 따라 읽고
밑줄 위에 여러 번 써보세요.

STEP 1 녹음을 들으면서 큰소리로 따라해보세요.

061 between	062 bicycle	063 big	064 bird	065 birthday
066 black	067 blow	068 blue	069 board	070 boat

STEP 2 단어를 줄에 맞춰 따라쓰기를 한 다음 직접 또박또박 써보세요.

061 **between**

[bɪˈtwiːn] 비트위인

전 부 ~사이에

between between

a secret **between** you and me 너와 나 사이의 비밀

062 **bicycle**

[ˈbaɪsɪkl] 바이씨클

명 자전거 (= bike)

bicycle bicycle

ride a **bicycle** 자전거를 타다

063 **big**

[bɪg] 빅

형 큰

big big

a **big** boy (몸집이) 큰 소년

064 **bird**

[bɜːrd] 버어ㄹ드

명 새

bird bird

fly a **bird** 새가 날다

26

065 **birthday**

[bɜːrθdeɪ] 버어ㄹ쓰데이

명 생일

birthday birthday

my fifteenth **birthday** 나의 15번째 생일

066 **black**

[blæk] 블랙

명 검정 형 검정색의

black black

black smoke 검은 연기

067 **blow**

[bloʊ] 블로우

동 불다

blow blow

blow hard 세게 불다

068 **blue**

[bluː] 블루우

명 파랑 형 파란색의

blue blue

a **blue** ocean 푸른 바다

069 **board**

[bɔːrd] 보오ㄹ드

명 판자, 게시판

board board

electronic notice **boards** 전자게시판

070 **boat**

[boʊt] 보우트

명 배

boat boat

get in a **boat** 배를 타다

DAY 03
week 02

큐알코드를 체크하면
원어민의 발음을 들을 수 있습니다.
영어 단어를 큰소리로 따라 읽고
밑줄 위에 여러 번 써보세요.

STEP 1 녹음을 들으면서 큰소리로 따라해보세요.

071 body	072 book	073 bottle
074 bowl	075 box	
076 boy	077 bread	078 break
079 breakfast	080 bridge	

STEP 2 단어를 줄에 맞춰 따라쓰기를 한 다음 직접 또박또박 써보세요.

071 body
[ˈbɑːdi] 바아디
명 몸

body body

in **body** and mind 몸과 마음으로

072 book
[bʊk] 북
명 책

book book

write a **book** 책을 쓰다

073 bottle
[ˈbɑːtl] 바아틀
명 병

bottle bottle

a **bottle** of milk 우유 한 병

074 bowl
[boʊl] 보울
명 사발, 공기

bowl bowl

a **bowl** of rice 밥 한 공기

WEEK 01
02 WEEK
WEEK 03
WEEK 04
WEEK 05
WEEK 06
WEEK 07
WEEK 08
WEEK 09
WEEK 10
WEEK 11
WEEK 12
WEEK 13
WEEK 14
WEEK 15
WEEK 16

075 **box**

[bɑːks] 바악쓰

몡 상자

box box

a light **box** 가벼운 상자

076 **boy**

[bɔɪ] 보이

몡 소년

boy boy

a **boy** student 남학생

077 **bread**

[bred] 브레드

몡 빵

bread bread

corn **bread** 옥수수빵

078 **break**

[breɪk] 브레이크

동 깨뜨리다, 부수다

break break

break a cup 컵을 깨뜨리다

079 **breakfast**

['brekfəst] 블렉풔스트

몡 아침식사

breakfast breakfast

after **breakfast** 아침식사 후

080 **bridge**

[brɪdʒ] 브리쥐

몡 다리

bridge bridge

go across a **bridge** 다리를 건너다

DAY 04

week 02

큐알코드를 체크하면
원어민의 발음을 들을 수 있습니다.
영어 단어를 큰소리로 따라 읽고
밑줄 위에 여러 번 써보세요.

STEP 1 녹음을 들으면서 큰소리로 따라해보세요.

081 bright	082 bring	083 brother	084 brown	085 brush
086 build	087 burn	088 bus	089 busy	090 but

STEP 2 단어를 줄에 맞춰 따라쓰기를 한 다음 직접 또박또박 써보세요.

081 **bright**
[braɪt] 브라이트

형 밝은

bright bright

a **bright** star 빛나는 별

082 **bring**
[brɪŋ] 브링

동 가져오다, 데려오다

bring bring

bring umbrella 우산을 가져오다

083 **brother**
[ˈbrʌðə(r)] 브러더(ㄹ)

명 남자 형제, 형, 남동생

brother brother

a blood **brother** 피를 나눈 형제

084 **brown**
[braʊn] 브라운

명 갈색 형 갈색의

brown brown

dark **brown** color 진한 갈색

01
week
02
week
03
week
04
week
05
week
06
week
07
week
08
week
09
week
10
week
11
week
12
week
13
week
14
week
15
week
16

085 **brush**

[brʌʃ] 브러쉬

⑲ 붓, 빗 ⑧ 붓질[빗질]하다

paint with a **brush** 붓으로 페인트를 칠하다

086 **build**

[bɪld] 빌드

⑧ 짓다, 건축하다

build a house 집을 짓다

087 **burn**

[bɜːrn] 버어ㄹ언

⑧ 불타다

burn paper 종이를 태우다

088 **bus**

[bʌs] 버스

⑲ 버스

a **bus** stop 버스 정류장

089 **busy**

['bɪzi] 비지

⑲ 바쁜

a **busy** day 바쁜 하루

090 **but**

[bʌt] 벗

⑳ 그러나

a cheap **but** good camera 싸지만 좋은 카메라

DAY 05

week 02

큐알코드를 체크하면
원어민의 발음을 들을 수 있습니다.
영어 단어를 큰소리로 따라 읽고
밑줄 위에 여러 번 써보세요.

STEP 1 녹음을 들으면서 큰소리로 따라해보세요.

091 butter	092 button	093 buy	094 by	095 bye
096 calendar	097 cake	098 call	099 camera	100 camp

STEP 2 단어를 줄에 맞춰 따라쓰기를 한 다음 직접 또박또박 써보세요.

091 **butter**

['bʌtə(r)] 버터(ㄹ)

⑲ 버터

butter butter

peanut **butter** 땅콩 버터

092 **button**

['bʌtn] 버튼

⑲ 단추, 버튼

button button

press a **button** 버튼을 누르다

093 **buy**

[baɪ] 바이

⑧ 사다

buy buy

buy a necktie for my dad 아빠를 위해 넥타이를 사다

094 **by**

[baɪ] 바이

⑳ ⑤ ~옆에

by by

stand **by** the gate 문 옆에 서다

32

095 **bye**

[baɪ] 바이

(감) 안녕 〈헤어질 때의 인사〉

bye bye

say good-**bye** 작별하다

096 **calendar**

['kælɪndə(r)] 캘린더(ㄹ)

(명) 달력

calendar calendar

hang a **calendar** 달력을 걸다

097 **cake**

[keɪk] 케이크

(명) 케이크

cake cake

a **cake** especially decorated 특별 장식을 한 케이크

098 **call**

[kɔːl] 코오올

(동) 부르다, 전화하다

call call

call a name 이름을 부르다

099 **camera**

['kæmərə] 캐머러

(명) 사진기, 카메라

camera camera

an old **camera** 오래된 카메라

100 **camp**

[kæmp] 캠프

(명) 캠프장, 야영지

camp camp

a ski-**camp** 스키 캠프장

Practice Test / WEEK 02 /

TEST 1 제시된 영단어의 우리말 뜻을 네모 상자 안에 써넣으세요.

01. bed

02. bell

03. bicycle

04. bird

05. birthday

06. boat

07. body

08. book

09. bottle

10. box

11. boy

12. bread

13. bridge

14. bus

15. butter

16. button

17. calendar

18. cake

19. camera

20. camp

TEST 2 우리말 뜻 잘 보고 알맞는 영단어를 네모 상자 안에 써넣으세요.

01. 시작하다

11. 밝은

02. 긴 의자, 벤치

12. 가져오다, 데려오다

03. 큰

13. 남자 형제, 형, 남동생

04. 검정, 검정색의

14. 갈색, 갈색의

05. 불다

15. 붓, 빗, 붓질[빗질]하다

06. 파랑, 파란색의

16. 짓다, 건축하다

07. 판자, 게시판

17. 불타다

08. 사발, 공기

18. 바쁜

09. 깨뜨리다, 부수다

19. 사다

10. 아침식사

20. 부르다, 전화하다

DAY 01

week 03

큐알코드를 체크하면
원어민의 발음을 들을 수 있습니다.
영어 단어를 큰소리로 따라 읽고
밑줄 위에 여러 번 써보세요.

STEP 1 녹음을 들으면서 큰소리로 따라해보세요.

101 can	102 candle	103 candy	104 cap	105 capital
106 captain	107 car	108 card	109 care	110 carry

STEP 2 단어를 줄에 맞춰 따라쓰기를 한 다음 직접 또박또박 써보세요.

---

101 **can**

[kæn] 캔

⑲ 깡통, 캔 ⑧ ~할 수 있다

can can

an empty **can** 빈 깡통

---

102 **candle**

['kændl] 캔들

⑲ 양초

candle candle

light a **candle** 초에 불을 켜다

---

103 **candy**

['kændi] 캔디

⑲ 사탕

candy candy

be fond of **candy** 사탕을 좋아하다

---

104 **cap**

[kæp] 캡

⑲ (야구) 모자

cap cap

a baseball **cap** 야구모자

36

01
02
03 week
04 week
05 week
06 week
07 week
08 week
09 week
10 week
11 week
12 week
13 week
14 week
15 week
16 week

105 capital

['kæpɪtl] 캐피틀

명 수도, 대문자 형 주요한

the **capital** of Korea 한국의 수도

106 captain

['kæptɪn] 캡틴

명 우두머리, 주장

the **captain** of our team 우리팀 주장

107 car

[kɑː(r)] 카아(ㄹ)

명 자동차

a sleeping **car** 침대차

108 card

[kɑːrd] 카아ㄹ드

명 카드

a birthday **card** 생일 카드

109 care

[keə(r)] 케어(ㄹ)

명 걱정, 주의, 돌봄

the **care** of a baby 아기를 돌보다

110 carry

['kæri] 캐리

동 운반하다

carry a box 상자를 나르다

DAY 02
week 03

큐알코드를 체크하면
원어민의 발음을 들을 수 있습니다.
영어 단어를 큰소리로 따라 읽고
밑줄 위에 여러 번 써보세요.

STEP 1 녹음을 들으면서 큰소리로 따라해보세요.

111 case	112 cassette	113 cat	114 catch	115 ceiling
116 center	117 chair	118 chalk	119 chance	120 change

STEP 2 단어를 줄에 맞춰 따라쓰기를 한 다음 직접 또박또박 써보세요.

---

111 case
[keɪs] 케이스

⑲ 상자, 경우

case case

in this **case** 이 경우에는

---

112 cassette
[kə'set] 커세트

⑲ 카세트

cassette cassette

a blank **cassette** tape 빈 카세트 테이프

---

113 cat
[kæt] 캣

⑲ 고양이

cat cat

bell the **cat** 고양이 목에 방울을 달다

---

114 catch
[kætʃ] 캐취

⑤ 잡다

catch catch

catch the ball 공을 잡다

38

115 **ceiling**

['si:lɪŋ] 씨이링

몡 천장

ceiling ceiling

a fly on the **ceiling** 천장의 파리

116 **center**

[séntər] 쎈터ㄹ

몡 중앙

center center

the **center** of a city 도시의 중심

117 **chair**

[tʃer] 췌어ㄹ

몡 의자

chair chair

have a **chair** 의자에 앉다

118 **chalk**

[tʃɔ:k] 초오크

몡 분필

chalk chalk

a white **chalk** 하얀 분필

119 **chance**

[tʃæns] 챈스

몡 기회

chance chance

a good **chance** 좋은 기회

120 **change**

[tʃeɪndʒ] 췌인쥐

됭 바꾸다 몡 잔돈

change change

change the rules 규칙을 바꾸다

큐알코드를 체크하면
원어민의 발음을 들을 수 있습니다.
영어 단어를 큰소리로 따라 읽고
밑줄 위에 여러 번 써보세요.

STEP 1 녹음을 들으면서 큰소리로 따라해보세요.

121 cheap	122 cheese	123 chicken	124 child	125 chopstick
126 church	127 circle	128 city	129 class	130 classmate

STEP 2 단어를 줄에 맞춰 따라쓰기를 한 다음 직접 또박또박 써보세요.

---

121 **cheap**

[tʃiːp] 취이프

형 (값이) 싼

cheap cheap

a **cheap** dress 싼 옷

---

122 **cheese**

[tʃiːz] 취이즈

명 치즈

cheese cheese

bread and **cheese** 치즈를 곁들인 빵

---

123 **chicken**

['tʃɪkɪn] 취킨

명 닭

chicken chicken

a roast **chicken** 통닭구이

---

124 **child**

[tʃaɪld] 촤일드

명 어린이

child child

a little **child** 어린 아이

---

01 week
02 week
03 week
04 week
05 week
06 week
07 week
08 week
09 week
10 week
11 week
12 week
13 week
14 week
15 week
16 week

125 **chopstick**

[tʃɑ:pstɪk] 촤압스틱

명 젓가락

chopstick chopstick

pick up with **chopsticks** 젓가락으로 집어 들다

126 **church**

[tʃɜ:rtʃ] 춰어ㄹ취

명 교회

church church

go to **church** 교회에 가다

127 **circle**

['sɜ:rkl] 써어ㄹ클

명 원

circle circle

sit in a **circle** 빙 둘러앉다

128 **city**

['sɪti] 씨티

명 도시

city city

a big **city** 큰 도시

129 **class**

[klæs] 클래스

명 교실, 수업

class class

a math **class** 수학 수업

130 **classmate**

[klæsmeɪt] 클래스메이트

명 반친구

classmate classmate

classmates in elementary school 초등학교 반친구

DAY 04
week 03

 큐알코드를 체크하면
원어민의 발음을 들을 수 있습니다.
영어 단어를 큰소리로 따라 읽고
밑줄 위에 여러 번 써보세요.

STEP 1 녹음을 들으면서 큰소리로 따라해보세요.

131 clean	132 climb	133 clock	134 close	135 clothes
136 cloud	137 club	138 coat	139 coffee	140 coin

STEP 2 단어를 줄에 맞춰 따라쓰기를 한 다음 직접 또박또박 써보세요.

131 **clean**
[kli:n] 클리인
⑱ 깨끗한 ⑧ 청소하다

clean clean

clean a room 방을 깨끗이 하다

132 **climb**
[klaɪm] 클라임
⑧ 오르다

climb climb

climb a mountain 산을 오르다

133 **clock**
[klɑ:k] 클라악
⑲ 시계

clock clock

an alarm **clock** 자명종 시계

134 **close**
[klous] 클로우스 /
[klouz] 클로우즈
⑱ 가까운 / ⑧ 닫다

close close

a **close** friend 친한 친구 / **close** a door 문을 닫다

42

135 clothes

[kloʊ(ð)z] 클로우(드)즈

명 옷

clothes clothes

put on **clothes** 옷을 입다

136 cloud

[klaʊd] 클라우드

명 구름

cloud cloud

a white **cloud** 하얀 구름

137 club

[klʌb] 클럽

명 동아리, 모임

club club

join a **club** 모임에 입회하다

138 coat

[koʊt] 코우트

명 코트

coat coat

a warm **coat** 따뜻한 코트

139 coffee

[kɔːfi] 코오퓌

명 커피

coffee coffee

a cup of **coffee** 커피 한 잔

140 coin

[kɔɪn] 코인

명 동전

coin coin

coin changer 동전 교환기

DAY 05

week 03

큐알코드를 체크하면
원어민의 발음을 들을 수 있습니다.
영어 단어를 큰소리로 따라 읽고
밑줄 위에 여러 번 써보세요.

STEP 1 녹음을 들으면서 큰소리로 따라해보세요.

141 cold	142 color	143 come	144 computer	145 cook
146 cool	147 copy	148 corner	149 count	150 country

STEP 2 단어를 줄에 맞춰 따라쓰기를 한 다음 직접 또박또박 써보세요.

---

141 **cold**

[koʊld] 코울드

휑 추운, 찬

cold cold

a **cold** drink 차가운 음료

---

142 **color**

[ˈkʌlə(r)] 컬러(ㄹ)

몡 색

color color

a dark **color** 어두운 색

---

143 **come**

[kʌm] 컴

통 오다

come come

come to see me 나를 만나러 오다

---

144 **computer**

[kəmˈpjuːtə(r)] 컴퓨우터(ㄹ)

몡 컴퓨터

computer computer

a **computer** game 컴퓨터 게임

44

01 week
02 week
03 week
04 week
05 week
06 week
07 week
08 week
09 week
10 week
11 week
12 week
13 week
14 week
15 week
16 week

145 **cook**

[kʊk] 쿡

⑲ 요리사 ⑤ 요리하다

cook cook

a head **cook** 주방장

146 **cool**

[kuːl] 쿠우울

⑱ 시원한

cool cool

cool water 시원한 물

147 **copy**

[ˈkɑːpi] 카아피

⑲ 사본 ⑤ 베끼다

copy copy

copy the book 책을 베끼다

148 **corner**

[kɔːrnə(r)] 코오너(ㄹ)

⑲ 모서리, 모퉁이

corner corner

building on the **corner** 모퉁이의 빌딩

149 **count**

[kaʊnt] 카운트

⑤ 세다, 계산하다

count count

count to ten 10까지 세다

150 **country**

[ˈkʌntri] 컨트리

⑲ 지역, 나라, 시골

country country

live in the **country** 시골에서 살다

TEST 1 제시된 영단어의 우리말 뜻을 네모 상자 안에 써넣으세요.

01. candle

11. chicken

02. candy

12. child

03. car

13. church

04. case

14. circle

05. cat

15. city

06. ceiling

16. clock

07. center

17. cloud

08. chair

18. coin

09. chalk

19. color

10. chance

20. corner

TEST 2 우리말 뜻 잘 보고 알맞는 영단어를 네모 상자 안에 써넣으세요.

01. (야구) 모자

11. 옷

02. 우두머리, 주장

12. 동아리, 모임

03. 운반하다

13. 코트

04. 잡다

14. 추운, 찬

05. 바꾸다, 잔돈

15. 컴퓨터

06. (값이) 싼

16. 요리사, 요리하다

07. 젓가락

17. 시원한

08. 교실, 수업

18. 사본, 베끼다

09. 깨끗한, 청소하다

19. 세다, 계산하다

10. 오르다

20. 지역, 나라, 시골

DAY 01
week 04

 큐알코드를 체크하면
원어민의 발음을 들을 수 있습니다.
영어 단어를 큰소리로 따라 읽고
밑줄 위에 여러 번 써보세요.

STEP 1 녹음을 들으면서 큰소리로 따라해보세요.

151 course	152 cousin	153 cover	154 cow	155 crayon
156 cream	157 cross	158 cry	159 cup	160 curtain

STEP 2 단어를 줄에 맞춰 따라쓰기를 한 다음 직접 또박또박 써보세요.

---

151 **course**

[kɔːrs] 코오ㄹ스

⑲ 진로, 과정

course course

change the **course** 진로를 바꾸다

---

152 **cousin**

[ˈkʌzn] 커즌

⑲ 사촌

cousin cousin

a distant **cousin** 먼 사촌

---

153 **cover**

[ˈkʌvə(r)] 커버(ㄹ)

⑧ 덮다

cover cover

cover a table with a tablecloth 탁자를 탁자보로 덮다

---

154 **cow**

[kaʊ] 카우

⑲ 젖소, 암소

cow cow

raise a **cow** 소를 먹이다

155 **crayon**

['kreɪən] 크레이언

명 크레용

draw with **crayons** 크레용으로 그리다

156 **cream**

[kri:m] 크리임

명 크림

chocolate **creams** 초콜릿 크림

157 **cross**

[krɔ:s] 크로오스

명 십자가 동 가로지르다

cross the street 길을 가로지르다

158 **cry**

[kraɪ] 크라이

동 울다

cry for joy 기뻐서 울다

159 **cup**

[kʌp] 컵

명 컵

a paper **cup** 종이컵

160 **curtain**

['kɜ:rtn] 커어ㄹ튼

명 커튼

a shower **curtain** 욕실 커튼

01 week
02 week
03 week
04 week
05 week
06 week
07 week
08 week
09 week
10 week
11 week
12 week
13 week
14 week
15 week
16 week

DAY **02** week 04

큐알코드를 체크하면
원어민의 발음을 들을 수 있습니다.
영어 단어를 큰소리로 따라 읽고
밑줄 위에 여러 번 써보세요.

STEP 1 녹음을 들으면서 큰소리로 따라해보세요.

¹⁶¹ cut	¹⁶² dad	¹⁶³ dance	¹⁶⁴ danger	¹⁶⁵ dark
¹⁶⁶ date	¹⁶⁷ daughter	¹⁶⁸ day	¹⁶⁹ dead	¹⁷⁰ deep

STEP 2 단어를 줄에 맞춰 따라쓰기를 한 다음 직접 또박또박 써보세요.

---

161 **cut**

[kʌt] 컷

⑧ 베다, 자르다

cut cut

a deep **cut** 깊게 베인 상처

---

162 **dad**

[dæd] 대드

⑲ 아빠, 아버지 (= daddy)

dad dad

mom and **dad** 엄마와 아빠

---

163 **dance**

[dæns] 댄스

⑧ 춤추다

dance dance

dance to the music 음악에 맞춰 춤추다

---

164 **danger**

[ˈdeɪndʒə(r)] 데인줘(ㄹ)

⑲ 위험 ⑱ 위험한

danger danger

a lot of **danger** 많은 위험

week 01
week 02
week 03
week 04
week 05
week 06
week 07
week 08
week 09
week 10
week 11
week 12
week 13
week 14
week 15
week 16

165 **dark**

[dɑːrk] 다아크

⑲ 어두운

dark dark

a **dark** night 어두운 밤

166 **date**

[deɪt] 데이트

⑲ 날짜

date date

fix the **date** 날짜를 정하다

167 **daughter**

[ˈdɔːtə(r)] 도오터(ㄹ)

⑲ 딸

daughter daughter

an only **daughter** 외동딸

168 **day**

[deɪ] 데이

⑲ 낮, 하루

day day

a rainy **day** 비오는 날

169 **dead**

[ded] 데드

⑲ 죽은

dead dead

play **dead** 죽은 체하다

170 **deep**

[diːp] 디입

⑲ 깊은

deep deep

deep in the forest 깊은 숲 속에

DAY 03

week 04

큐알코드를 체크하면
원어민의 발음을 들을 수 있습니다.
영어 단어를 큰소리로 따라 읽고
밑줄 위에 여러 번 써보세요.

STEP 1 녹음을 들으면서 큰소리로 따라해보세요.

171 deer	172 desk	173 dial	174 diary	175 dictionary
176 die	177 dinner	178 dirty	179 dish	180 do

STEP 2 단어를 줄에 맞춰 따라쓰기를 한 다음 직접 또박또박 써보세요.

171 **deer**

[dɪə(r)] 디어(ㄹ)

⃝명 사슴

deer deer

a herd of **deer** 사슴 한 무리

172 **desk**

[desk] 데스크

⃝명 책상

desk desk

study at a **desk** 책상에서 공부하다

173 **dial**

['daɪəl] 다이얼

⃝명 글자판, 다이얼

dial dial

turn a **dial** 다이얼을 돌리다

174 **diary**

['daɪəri] 다이어리

⃝명 일기

diary diary

write a **diary** 일기를 쓰다

week 01
week 02
week 03
Week 04
week 05
week 06
week 07
week 08
week 09
week 10
week 11
week 12
week 13
week 14
week 15
week 16

175 **dictionary**

[dɪkʃəneri] 딕셔네리

몡 사전

an English-Korean **dictionary** 영한사전

176 **die**

[daɪ] 다이

됭 죽다

die young 젊어서 죽다

177 **dinner**

['dɪnə(r)] 디너(ㄹ)

몡 저녁식사, 정찬

invite to **dinner** 저녁식사에 초대하다

178 **dirty**

['dɜːrti] 더어ㄹ티

혱 더러운

a **dirty** face 더러운 얼굴

179 **dish**

[dɪʃ] 디쉬

몡 접시

a **dish** of meat 고기 한 접시

180 **do**

[duː] 두우

됭 하다

do one's homework 숙제를 하다

큐알코드를 체크하면
원어민의 발음을 들을 수 있습니다.
영어 단어를 큰소리로 따라 읽고
밑줄 위에 여러 번 써보세요.

STEP 1 녹음을 들으면서 큰소리로 따라해보세요.

181 doctor	182 dog	183 doll	184 dollar	185 dolphin
186 door	187 down	188 draw	189 dream	190 dress

STEP 2 단어를 줄에 맞춰 따라쓰기를 한 다음 직접 또박또박 써보세요.

181 doctor
[dɑ:ktə(r)] 다악터(ㄹ)

명 의사

doctor doctor

consult the **doctor** 의사의 진찰을 받다

182 dog
[dɔ:g] 도오그

명 개

dog dog

a clever **dog** 영리한 개

183 doll
[dɑ:l] 다아알

명 인형

doll doll

buy a **doll** 인형을 사다

184 dollar
[dɑ:lə(r)] 다아알러(ㄹ)

명 달러

dollar dollar

spend one hundred **dollars** 100달러를 쓰다

185 **dolphin**

[dɑ:lfin] 다아알퓐

명 돌고래

dolphin dolphin

a bright **dolphin** 영리한 돌고래

186 **door**

[dɔ:(r)] 도오(ㄹ)

명 문

door door

lock a **door** 문을 잠그다

187 **down**

[daʊn] 다운

부 아래로

down down

go **down** a hill 언덕을 내려가다

188 **draw**

[drɔ:] 드로오

동 그리다, 당기다

draw draw

draw the curtain 커튼을 치다

189 **dream**

[dri:m] 드리임

명 꿈 동 꿈꾸다

dream dream

a wonderful **dream** 멋진 꿈

190 **dress**

[dres] 드레스

명 의복, 드레스
동 옷을 입히다

dress dress

a white **dress** 흰색 드레스

DAY 05
week 04

 큐알코드를 체크하면
원어민의 발음을 들을 수 있습니다.
영어 단어를 큰소리로 따라 읽고
밑줄 위에 여러 번 써보세요.

STEP 1 녹음을 들으면서 큰소리로 따라해보세요.

191 drink	192 drive	193 drop	194 drum	195 dry
196 duck	197 ear	198 early	199 earth	200 east

STEP 2 단어를 줄에 맞춰 따라쓰기를 한 다음 직접 또박또박 써보세요.

---

191 **drink**

[drɪŋk] 드링크

동 마시다

drink drink

drink a cup of coffee 커피를 한 잔 마시다

---

192 **drive**

[draɪv] 드라이브

동 운전하다

drive drive

drive a car 자동차를 운전하다

---

193 **drop**

[drɑːp] 드라압

명 (물)방울 동 떨어뜨리다

drop drop

drop the price 값이 떨어지다

---

194 **drum**

[drʌm] 드럼

명 북

drum drum

beat a **drum** 북을 치다

---

195 **dry**

[draɪ] 드라이

혱 건조한 동 말리다

dry dry

dry air 건조한 공기

196 **duck**

[dʌk] 덕

명 오리

duck duck

ducks quack 오리가 꽥꽥 울다

197 **ear**

[ɪə(r)] 이어(ㄹ)

명 귀

ear ear

pick one's **ears** 귀를 후비다

198 **early**

['ɜːrli] 어어ㄹ리

혱 이른 튀 일찍

early early

get up **early** 일찍 일어나다

199 **earth**

[ɜːrθ] 어어ㄹ쓰

명 지구, 땅

earth earth

live on the **earth** 지구에 살다

200 **east**

[iːst] 이이스트

명 동쪽 혱 동쪽의

east east

east of the city 도시의 동쪽에

TEST 1 제시된 영단어의 우리말 뜻을 네모 상자 안에 써넣으세요.

01. cow

02. cup

03. curtain

04. dad

05. date

06. daughter

07. day

08. deer

09. desk

10. diary

11. dictionary

12. dish

13. doctor

14. dog

15. doll

16. dolphin

17. door

18. duck

19. ear

20. earth

TEST 2 우리말 뜻 잘 보고 알맞는 영단어를 네모 상자 안에 써넣으세요.

01. 진로, 과정

02. 덮다

03. 십자가, 가로지르다

04. 울다

05. 베다, 자르다

06. 춤추다

07. 위험, 위험한

08. 어두운

09. 죽은

10. 깊은

11. 죽다

12. 저녁식사, 정찬

13. 더러운

14. 그리다, 당기다

15. 꿈, 꿈꾸다

16. 의복, 드레스, 옷을 입히다

17. 마시다

18. 운전하다

19. 건조한, 말리다

20. 동쪽, 동쪽의

DAY 01

week 05

 큐알코드를 체크하면
원어민의 발음을 들을 수 있습니다.
영어 단어를 큰소리로 따라 읽고
밑줄 위에 여러 번 써보세요.

STEP 1 녹음을 들으면서 큰소리로 따라해보세요.

201 easy	202 eat	203 egg	204 empty	205 end
206 engine	207 enjoy	208 enough	209 erase	210 evening

STEP 2 단어를 줄에 맞춰 따라쓰기를 한 다음 직접 또박또박 써보세요.

---

201 **easy**

['iːzi] 이이지

형 쉬운

easy easy

an **easy** book 쉬운 책

---

202 **eat**

[iːt] 이이트

동 먹다

eat eat

eat breakfast 아침을 먹다

---

203 **egg**

[eg] 에그

명 계란

egg egg

boil an **egg** 계란을 삶다

---

204 **empty**

['empti] 엠티

형 빈 동 비우다

empty empty

an **empty** box 빈 상자

---

205 end
[end] 엔드

⑲ 끝 ⑧ 끝내다

the **end** of the story 이야기의 끝

206 engine
['endʒɪn] 엔쥔

⑲ 기관, 엔진

a steam **engine** 증기 기관

207 enjoy
[ɪnˈdʒɔɪ] 인조이

⑧ 즐기다

enjoy a game 게임을 즐기다

208 enough
[ɪˈnʌf] 이너프

⑲ 충분한 ⑲ 충분히

enough food 충분한 음식

209 erase
[ɪˈreɪs] 이레이스

⑧ 지우다

erase pencil marks 연필 표시를 지우다

210 evening
['iːvnɪŋ] 이이브닝

⑲ 저녁

early in the **evening** 저녁 일찍

WEEK 01
WEEK 02
WEEK 03
WEEK 04
WEEK 05
WEEK 06
WEEK 07
WEEK 08
WEEK 09
WEEK 10
WEEK 11
WEEK 12
WEEK 13
WEEK 14
WEEK 15
WEEK 16

DAY 02 week 05

STEP 1 녹음을 들으면서 큰소리로 따라해보세요.

²¹¹ every	²¹² example	²¹³ excellent	²¹⁴ excite	²¹⁵ excuse
²¹⁶ exercise	²¹⁷ eye	²¹⁸ face	²¹⁹ fact	²²⁰ fair

STEP 2 단어를 줄에 맞춰 따라쓰기를 한 다음 직접 또박또박 써보세요.

---

211 **every**

['evri] 에브리

⃝형 모든, 모두의

every every

once **every** two years 2년마다 한 번씩

---

212 **example**

[ɪgzæmpl] 이그잼플

⃝명 예, 보기

example example

show an **example** 예를 보이다

---

213 **excellent**

['eksələnt] 엑설런트

⃝형 우수한

excellent excellent

an **excellent** meal 훌륭한 식사

---

214 **excite**

[ɪk'saɪt] 익싸이트

⃝동 흥분시키다

excite excite

excite oneself 흥분하다

215 excuse

[ɪkˈskjuːs] 익스큐우스

⊕ 변명, 구실 ⊕ 용서하다

a perfect **excuse** 완벽한 변명

216 exercise

[eksərsaɪz] 엑써ㄹ싸이즈

⊕ 운동, 연습 ⊕ 운동하다

hard **exercise** 힘든 연습

217 eye

[aɪ] 아이

⊕ 눈

sharp **eyes** 예리한 눈

218 face

[feɪs] 페이스

⊕ 얼굴

a round **face** 둥근 얼굴

219 fact

[fækt] 팩트

⊕ 사실

tell the **fact** 사실을 말하다

220 fair

[feə(r)] 페어(ㄹ)

⊕ 아름다운, 공정한

a **fair** manner 공정한 태도

week 01
week 02
week 03
week 04
week 05
week 06
week 07
week 08
week 09
week 10
week 11
week 12
week 13
week 14
week 15
week 16

DAY 03 week 05

큐알코드를 체크하면
원어민의 발음을 들을 수 있습니다.
영어 단어를 큰소리로 따라 읽고
밑줄 위에 여러 번 써보세요.

STEP 1 녹음을 들으면서 큰소리로 따라해보세요.

221 fall	222 family	223 far	224 farm	225 fast
226 fat	227 famous	228 father	229 feel	230 few

STEP 2 단어를 줄에 맞춰 따라쓰기를 한 다음 직접 또박또박 써보세요.

---

221 **fall**

[fɔːl] 포올

⑲ 가을 ⑧ 떨어지다

fall fall

fall to the ground 땅에 떨어지다

---

222 **family**

['fæməli] 패멀리

⑲ 가족

family family

a **family** of five 5인 가족

---

223 **far**

[fɑː(r)] 퐈아(ㄹ)

⑼ 멀리

far far

not **far** from here 여기서 멀지 않다

---

224 **farm**

[fɑːrm] 퐈아ㄹ암

⑲ 농장

farm farm

a fruit **farm** 과수원

---

week 01
week 02
week 03
week 04
week 05
week 06
week 07
week 08
week 09
week 10
week 11
week 12
week 13
week 14
week 15
week 16

225 **fast**

[fæst] 패스트

형 빠른 부 빨리

fast fast

run very **fast** 매우 빨리 달리다

226 **fat**

[fæt] 팻

형 살찐

fat fat

a **fat** pig 살찐 돼지

227 **famous**

[ˈfeɪməs] 풰이머스

형 유명한

famous famous

famous pictures 유명한 그림

228 **father**

[ˈfɑːðə(r)] 퐈아더(ㄹ)

명 아버지

father father

father's love 아버지의 사랑

229 **feel**

[fiːl] 퓌이일

동 느끼다

feel feel

feel a pain 통증을 느끼다

230 **few**

[fjuː] 퓨우

형 거의 없는

few few

a **few** apples 적은 사과

큐알코드를 체크하면
원어민의 발음을 들을 수 있습니다.
영어 단어를 큰소리로 따라 읽고
밑줄 위에 여러 번 써보세요.

STEP 1 녹음을 들으면서 큰소리로 따라해보세요.

231 **field**	232 **fight**	233 **fill**	234 **film**	235 **find**
236 **fine**	237 **finger**	238 **finish**	239 **fire**	240 **fish**

STEP 2 단어를 줄에 맞춰 따라쓰기를 한 다음 직접 또박또박 써보세요.

---

231 **field**

[fi:ld] 퓌일드

몡 들판, 경기장

field field

play in the green **field** 풀밭에서 놀다

---

232 **fight**

[faɪt] 퐈이트

몡 싸움 동 싸우다

fight fight

fight the enemy 적과 싸우다

---

233 **fill**

[fɪl] 필

동 채우다

fill fill

fill a glass 잔을 채우다

---

234 **film**

[fɪlm] 필름

몡 영화, 필름

film film

a color **film** 컬러 필름

---

235 find
[faɪnd] 파인드

동 찾다

find the book 책을 찾다

236 fine
[faɪn] 파인

형 좋은, 훌륭한

a fine view 좋은 경치

237 finger
[ˈfɪŋɡə(r)] 핑거(ㄹ)

명 손가락

long fingers 긴 손가락

238 finish
[ˈfɪnɪʃ] 퓌니쉬

동 끝내다

finish one's homework 숙제를 끝내다

239 fire
[ˈfaɪə(r)] 파이어(ㄹ)

명 불

light a fire 불을 피우다

240 fish
[fɪʃ] 퓌쉬

명 물고기 동 낚시하다

catch a fish 물고기를 잡다

DAY 05
week 05

 큐알코드를 체크하면
원어민의 발음을 들을 수 있습니다.
영어 단어를 큰소리로 따라 읽고
밑줄 위에 여러 번 써보세요.

STEP 1 녹음을 들으면서 큰소리로 따라해보세요.

241 fix	242 flag	243 floor	244 flower	245 fly
246 follow	247 food	248 fool	249 foot	250 for

STEP 2 단어를 줄에 맞춰 따라쓰기를 한 다음 직접 또박또박 써보세요.

241 **fix**
[fiks] 픽스

⑧ 고치다, 고정시키다

fix fix

fix a clock to the wall 벽에 시계를 걸다

242 **flag**
[flæg] 플래그

⑲ 기, 깃발

flag flag

put up a **flag** 깃발을 걸다

243 **floor**
[flɔ:(r)] 플로오(ㄹ)

⑲ 마룻바닥

floor floor

sweep a **floor** 바닥을 쓸다

244 **flower**
['flaʊə(r)] 플라우어(ㄹ)

⑲ 꽃

flower flower

a **flower** garden 화원

68

week 01
week 02
week 03
week 04
week 05
week 06
week 07
week 08
week 09
week 10
week 11
week 12
week 13
week 14
week 15
week 16

245 fly

[flaɪ] 플라이

몡 파리 동 날다

fly fly

fly in the sky 하늘을 날다

246 follow

['fɑːloʊ] 파알로우

동 ~의 뒤를 따르다

follow follow

follow the man 그 남자를 따라가다

247 food

[fuːd] 푸우드

몡 음식

food food

delicious **food** 맛있는 음식

248 fool

[fuːl] 푸우울

몡 바보

fool fool

a stupid **fool** 어리석은 바보

249 foot

[fʊt] 풋

몡 발

foot foot

step on **foot** 발을 밟다

250 for

[fɔː(r)] 포오(ㄹ)

전 ~을 위하여, ~을 향해, ~동안

for for

start **for** London 런던을 향해 출발하다

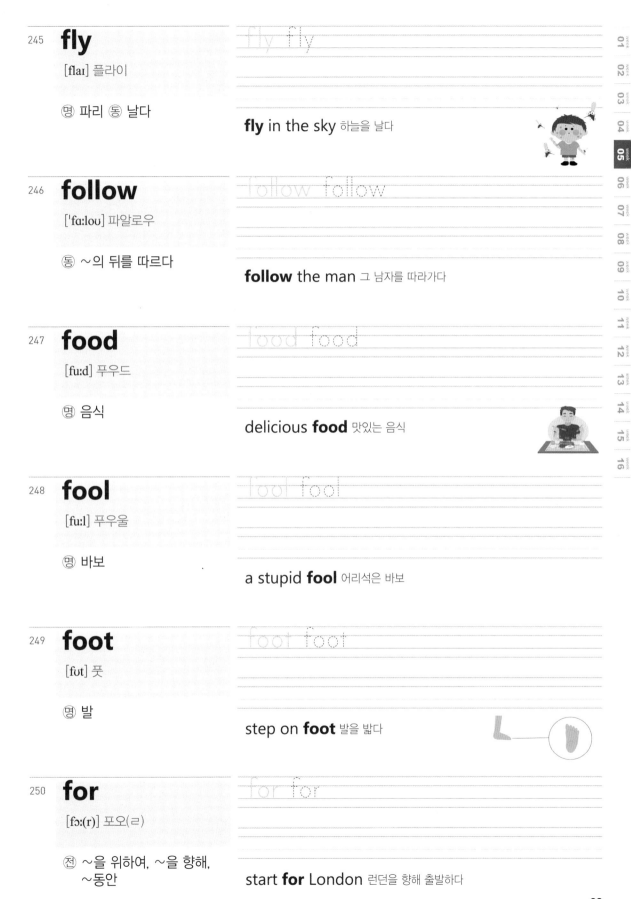

Practice Test

TEST 1 제시된 영단어의 우리말 뜻을 네모 상자 안에 써넣으세요.

01. eat

02. engine

03. erase

04. evening

05. example

06. eye

07. face

08. family

09. farm

10. father

11. field

12. find

13. finger

14. fire

15. flag

16. floor

17. flower

18. food

19. fool

20. foot

TEST 2 우리말 뜻 잘 보고 알맞는 영단어를 네모 상자 안에 써넣으세요.

01. 빈, 비우다

02. 끝, 끝내다

03. 즐기다

04. 충분한, 충분히

05. 우수한

06. 흥분시키다

07. 운동, 연습, 운동하다

08. 아름다운, 공정한

09. 가을, 떨어지다

10. 살찐

11. 유명한

12. 느끼다

13. 거의 없는

14. 싸움, 싸우다

15. 채우다

16. 좋은, 훌륭한

17. 끝내다

18. 물고기, 낚시하다

19. 고치다, 고정시키다

20. 파리, 날다

큐알코드를 체크하면
원어민의 발음을 들을 수 있습니다.
영어 단어를 큰소리로 따라 읽고
밑줄 위에 여러 번 써보세요.

STEP 1 녹음을 들으면서 큰소리로 따라해보세요.

251 forget	252 fork	253 free	254 fresh	255 friend
256 from	257 front	258 fruit	259 full	260 fun

STEP 2 단어를 줄에 맞춰 따라쓰기를 한 다음 직접 또박또박 써보세요.

---

251 **forget**

[fərget] 풔겟

동 잊다

forget forget

forget a name 이름을 잊어버리다

---

252 **fork**

[fɔːrk] 포오르크

명 포크

fork fork

eat with a **fork** 포크로 먹다

---

253 **free**

[friː] 프리이

형 자유로운

free free

free time 자유 시간

---

254 **fresh**

[freʃ] 프레쉬

형 새로운, 신선한

fresh fresh

a **fresh** vegetable 신선한 야채

---

255 **friend**

[frend] 프렌드

명 친구

a **friend** of mine 나의 친구

256 **from**

[frʌm] 프럼

전 ~로부터, ~에서

start **from** here 여기서 출발하다

257 **front**

[frʌnt] 프런트

명 앞, 정면

the **front** of a house 집의 정면

258 **fruit**

[fruːt] 프루우트

명 과일

grow **fruit** 과일을 재배하다

259 **full**

[fʊl] 풀

형 가득찬

a **full** bus 만원 버스

260 **fun**

[fʌn] 펀

명 즐거움 형 재미있는

great **fun** 커다란 재미

DAY 02 week 06

 큐알코드를 체크하면
원어민의 발음을 들을 수 있습니다.
영어 단어를 큰소리로 따라 읽고
밑줄 위에 여러 번 써보세요.

STEP 1 녹음을 들으면서 큰소리로 따라해보세요.

261 game	262 garden	263 gas	264 gate	265 gentle
266 get	267 girl	268 give	269 glad	270 glass

STEP 2 단어를 줄에 맞춰 따라쓰기를 한 다음 직접 또박또박 써보세요.

261 **game**
[geɪm] 게임

몡 놀이, 경기

game game

the tennis **game** 테니스 경기

262 **garden**
['gɑːrdn] 가아ㄹ든

몡 정원

garden garden

plant a **garden** 정원에 나무를 심다

263 **gas**
[gæs] 개스

몡 가스, 기체

gas gas

light the **gas** 가스에 불을 붙이다

264 **gate**
[geɪt] 게이트

몡 대문

gate gate

open a **gate** 문을 열다

week 01
week 02
week 03
week 04
week 05
week 06
week 07
week 08
week 09
week 10
week 11
week 12
week 13
week 14
week 15
week 16

265

gentle

['dʒentl] 젠틀

형 점잖은, 상냥한

gentle gentle

a **gentle** heart 상냥한 마음

266

get

[get] 겟

동 얻다

get get

get first prize 1등상을 받다

267

girl

[gɜːrl] 거어ㄹ얼

명 소녀

girl girl

a **girls'** school 여학교

268

give

[gɪv] 기브

동 주다

give give

give her a watch 그녀에게 시계를 주다

269

glad

[glæd] 글래드

형 기쁜

glad glad

be **glad** to meet her 그녀를 만나서 기쁘다

270

glass

[glæs] 글래스

명 유리, 컵

glass glass

a **glass** of water 물 한 컵

DAY 03 week 06

큐알코드를 체크하면
원어민의 발음을 들을 수 있습니다.
영어 단어를 큰소리로 따라 읽고
밑줄 위에 여러 번 써보세요.

STEP 1 녹음을 들으면서 큰소리로 따라해보세요.

271 glove	272 go	273 god	274 gold	275 good
276 grandmother	277 grape	278 grass	279 gray	280 great

STEP 2 단어를 줄에 맞춰 따라쓰기를 한 다음 직접 또박또박 써보세요.

271
glove
[glʌv] 글러브

명 장갑

glove glove

put on **gloves** 장갑을 끼다

272
go
[goʊ] 고우

동 가다

go go

go home 집에 가다

273
god [God]
[gɑːd] 가아드

명 신, 하나님

god god

believe in **God** 신을 믿다

274
gold
[goʊld] 고울드

명 금

gold gold

pure **gold** 순금

275 good

[gʊd] 굿

혱 좋은, 훌륭한

good good

a **good** dictionary 좋은 사전

---

276 grandmother

['grænmʌðə(r)] 그랜머더(ㄹ)

몡 할머니

grandmother grandmother

my **grandmother**'s wish 내 할머니의 소원

---

277 grape

[greɪp] 그레이프

몡 포도

grape grape

grape juice 포도 주스

---

278 grass

[græs] 그래스

몡 풀, 잔디

grass grass

cut **grass** 풀을 베다

---

279 gray

[gréi] 그레이

몡 회색 혱 회색의

gray gray

a **gray** suit 회색 양복

---

280 great

[greɪt] 그레이트

혱 큰, 위대한

great great

a **great** animal 큰 동물

DAY 04
week 06

큐알코드를 체크하면
원어민의 발음을 들을 수 있습니다.
영어 단어를 큰소리로 따라 읽고
밑줄 위에 여러 번 써보세요.

STEP 1 녹음을 들으면서 큰소리로 따라해보세요.

281 green	282 ground	283 group	284 grow	285 guitar
286 hair	287 half	288 hall	289 hamburger	290 hand

STEP 2 단어를 줄에 맞춰 따라쓰기를 한 다음 직접 또박또박 써보세요.

---

281 **green**
[gri:n] 그리인

⑲ 녹색

green green

bright **green** 밝은 녹색

---

282 **ground**
[graund] 그라운드

⑲ 땅, 기초

ground ground

a baseball **ground** 야구장

---

283 **group**
[gru:p] 그루웁

⑲ 단체, 그룹

group group

a **group** tour 단체 여행

---

284 **grow**
[grou] 그로우

⑧ 성장하다, 자라다

grow grow

grow very quickly 매우 빨리 자라다

---

285 **guitar**

[gɪˈtɑː(r)] 기타아(ㄹ)

명 기타

guitar guitar

play the **guitar** 기타를 치다

286 **hair**

[heə(r)] 헤어(ㄹ)

명 머리카락

hair hair

black **hair** 검은 머리

287 **half**

[hæf] 해프

명 반, 2분의 1

half half

half a year 반년

288 **hall**

[hɔːl] 호올

명 회관, 넓은 방

hall hall

a large **hall** 큰 방

289 **hamburger**

[hæmbɜːrgər] 햄버어ㄹ거ㄹ

명 햄버거

hamburger hamburger

grill a **hamburger** 햄버거를 굽다

290 **hand**

[hænd] 핸드

명 손

hand hand

make by **hand** 손으로 만들다

DAY 05
week 06

큐알코드를 체크하면
원어민의 발음을 들을 수 있습니다.
영어 단어를 큰소리로 따라 읽고
밑줄 위에 여러 번 써보세요.

STEP 1 녹음을 들으면서 큰소리로 따라해보세요.

²⁹¹ handle	²⁹² happen	²⁹³ happy	²⁹⁴ hard	²⁹⁵ hat
²⁹⁶ hate	²⁹⁷ have	²⁹⁸ he	²⁹⁹ head	³⁰⁰ hear

STEP 2 단어를 줄에 맞춰 따라쓰기를 한 다음 직접 또박또박 써보세요.

291 **handle**
['hændl] 핸들

몡 핸들, 손잡이

handle handle

turn a **handle** 손잡이를 돌리다

292 **happen**
['hæpən] 해펀

동 일어나다, 생기다

happen happen

happen an accident 사고가 일어나다

293 **happy**
['hæpi] 해피

형 행복한

happy happy

a **happy** story 행복한 이야기

294 **hard**
[hɑːrd] 하아ㄹ드

형 단단한, 어려운 ㈜ 열심히

hard hard

work **hard** 열심히 일하다

295 **hat**

[hæt] 햇

명 모자

hat hat

wear a **hat** 모자를 쓰다

296 **hate**

[heɪt] 헤이트

동 싫어하다

hate hate

hate each other 서로 싫어하다

297 **have**

[hæv] 해브

동 가지고 있다

have have

have a bat 배트를 가지고 있다

298 **he**

[hi:] 히이

대 그 명 남자, 수컷

he he

a **he**-goat 숫염소

299 **head**

[hed] 헤드

명 머리

head head

strike on the **head** 머리를 때리다

300 **hear**

[hɪə(r)] 히어(ㄹ)

동 듣다

hear hear

hear a voice 목소리를 듣다

WEEK 01
WEEK 02
WEEK 03
WEEK 04
WEEK 05
WEEK 06
WEEK 07
WEEK 08
WEEK 09
WEEK 10
WEEK 11
WEEK 12
WEEK 13
WEEK 14
WEEK 15
WEEK 16

TEST 1 제시된 영단어의 우리말 뜻을 네모 상자 안에 써넣으세요.

01. free

02. friend

03. fruit

04. game

05. garden

06. gate

07. girl

08. glass

09. glove

10. gold

11. grape

12. grass

13. green

14. ground

15. group

16. hair

17. hand

18. handle

19. hat

20. head

TEST 2 우리말 뜻 잘 보고 알맞는 영단어를 네모 상자 안에 써넣으세요.

01. 잊다

02. 새로운, 신선한

03. 앞, 정면

04. 즐거움, 재미있는

05. 점잖은, 상냥한

06. 얻다

07. 주다

08. 기쁜

09. 가다

10. 좋은, 훌륭한

11. 할머니

12. 회색, 회색의

13. 큰, 위대한

14. 성장하다, 자라다

15. 반, 2분의 1

16. 일어나다, 생기다

17. 행복한

18. 싫어하다

19. 가지고 있다

20. 듣다

DAY 01
week 07

큐알코드를 체크하면
원어민의 발음을 들을 수 있습니다.
영어 단어를 큰소리로 따라 읽고
밑줄 위에 여러 번 써보세요.

STEP 1 녹음을 들으면서 큰소리로 따라해보세요.

301 heart	302 heavy	303 hello	304 help	305 hen
306 here	307 hi	308 hide	309 high	310 hiking

STEP 2 단어를 줄에 맞춰 따라쓰기를 한 다음 직접 또박또박 써보세요.

301 **heart**
[ha:rt] 하아르트

몡 마음, 심장

heart heart

a kind **heart** 친절한 마음씨

302 **heavy**
['hevi] 헤비

혱 무거운

heavy heavy

a **heavy** bag 무거운 가방

303 **hello**
[hə'lou] 헐로우

캄 안녕, 여보세요

hello hello

say **hello** 안부를 전하다

304 **help**
[help] 헬프

몡 도움 동 돕다

help help

help with homework 숙제를 돕다

84

01 week
02 week
03 week
04 week
05 week
06 week
07 week
08 week
09 week
10 week
11 week
12 week
13 week
14 week
15 week
16 week

305 **hen**

[hen] 헨

몡 암탉

hen hen

hens lay eggs 암탉이 알을 낳다

306 **here**

[hɪə(r)] 히어(ㄹ)

튀 여기에

here here

come **here** 여기에 오다

307 **hi**

[haɪ] 하이

캄 안녕 〈만났을 때〉

hi hi

Hi there! 어이, 안녕!

308 **hide**

[haɪd] 하이드

동 숨다

hide hide

hide behind a tree 나무 뒤에 숨다

309 **high**

[haɪ] 하이

혱 높은

high high

a **high** price 높은 가격

310 **hiking**

['haɪkɪŋ] 하이킹

몡 하이킹, 도보여행

hiking hiking

a **hiking** trail 하이킹 코스

DAY 02
week 07

큐알코드를 체크하면
원어민의 발음을 들을 수 있습니다.
영어 단어를 큰소리로 따라 읽고
밑줄 위에 여러 번 써보세요.

STEP 1 녹음을 들으면서 큰소리로 따라해보세요.

311 hill	312 hit	313 hold	314 hole	315 holiday
316 home	317 hope	318 hose	319 horse	320 hospital

STEP 2 단어를 줄에 맞춰 따라쓰기를 한 다음 직접 또박또박 써보세요.

311 **hill**
[hɪl] 힐

⟨명⟩ 언덕

hill hill

the top of a **hill** 언덕 꼭대기

312 **hit**
[hɪt] 히트

⟨동⟩ 때리다, 치다

hit hit

hit a home run 홈런을 치다

313 **hold**
[hould] 호울드

⟨동⟩ 잡다

hold hold

hold an arm 팔을 잡다

314 **hole**
[houl] 호울

⟨명⟩ 구멍

hole hole

dig a **hole** 구멍을 파다

315 holiday

[hɒlədeɪ] 홀러데이

몡 휴일

holiday holiday

a national **holiday** 국경일

316 home

[hoʊm] 호움

몡 집, 가정 뵘 집에, 집으로

home home

a happy **home** 행복한 가정

317 hope

[hoʊp] 호우프

몡 희망 몸 바라다

hope hope

hope to be a teacher 선생님이 되기를 바라다

318 hose

[hoʊz] 호우즈

몡 호스

hose hose

a garden **hose** 정원용 호스

319 horse

[hɔːrs] 호오르스

몡 말

horse horse

ride a **horse** 말을 타다

320 hospital

[hɑːspɪtl] 하아스피틀

몡 병원

hospital hospital

go to the **hospital** 병원에 가다

큐알코드를 체크하면
원어민의 발음을 들을 수 있습니다.
영어 단어를 큰소리로 따라 읽고
밑줄 위에 여러 번 써보세요.

STEP 1 녹음을 들으면서 큰소리로 따라해보세요.

321 hot	322 hotel	323 hour	324 house	325 how
326 hundred	327 hungry	328 hurry	329 hurt	330 I

STEP 2 단어를 줄에 맞춰 따라쓰기를 한 다음 직접 또박또박 써보세요.

321 **hot**
[hɑːt] 하아트

형 뜨거운

hot hot

hot coffee 뜨거운 커피

322 **hotel**
[houtel] 호우텔

명 호텔

hotel hotel

stay at a **hotel** 호텔에 묵다

323 **hour**
['auə(r)] 아우어(ㄹ)

명 시간

hour hour

half an **hour** 반시간[30분]

324 **house**
[hauz] 하우즈

명 집

house house

a large **house** 넓은 집

325 how

[haʊ] 하우

(부) 어떻게

how how

How come ~? 왜 ~?

326 hundred

[ˈhʌndrəd] 헌드러드

(명) 백(100)

hundred hundred

several **hundred** 몇 백

327 hungry

[ˈhʌŋgri] 헝그리

(형) 배고픈

hungry hungry

be **hungry** all day 하루 종일 굶다

328 hurry

[ˈhɜːri] 허어리

(동) 서두르다

hurry hurry

hurry home 집에 서둘러 가다

329 hurt

[hɜːrt] 허어트

(동) 다치게 하다

hurt hurt

hurt one's feelings ~의 기분을 상하게 하다

330 I

[aɪ] 아이

(대) 나

I

I understand. 알겠습니다.

DAY 04

STEP 1 녹음을 들으면서 큰소리로 따라해보세요.

331 ice	332 idea	333 if	334 ill	335 in
336 ink	337 interest	338 into	339 introduce	340 island

STEP 2 단어를 줄에 맞춰 따라쓰기를 한 다음 직접 또박또박 써보세요.

---

331 **ice**

[aɪs] 아이스

명 얼음

ice ice

cold **ice** 차가운 얼음

---

332 **idea**

[aɪdiːə] 아이디이어

명 생각

idea idea

a good **idea** 좋은 생각

---

333 **if**

[ɪf] 이프

접 만일 ~라면

if if

If I had wings 만약 나에게 날개가 있다면

---

334 **ill**

[ɪl] 일

형 아픈

ill ill

be **ill** in bed 아파서 누워 있다

335

in

[ɪn] 인

전 ~안에

in in

a bird **in** a cage 새장 안의 새

336

ink

[ɪŋk] 잉크

명 잉크

ink ink

black **ink** 검정 잉크

337

interest

[ɪntrəst] 인트러스트

명 흥미

interest interest

show **interest** in it 그것에 흥미를 보이다

338

into

['ɪntuː] 인투우

전 ~안쪽으로

into into

jump **into** the pool 풀 안으로 뛰어들다

339

introduce

[ˌɪntrə'duːs] 인트러듀우스

동 소개하다

introduce introduce

introduce my friend 내 친구를 소개하다

340

island

['aɪlənd] 아일런드

명 섬

island island

a small **island** 작은 섬

큐알코드를 체크하면
원어민의 발음을 들을 수 있습니다.
영어 단어를 큰소리로 따라 읽고
밑줄 위에 여러 번 써보세요.

STEP 1 녹음을 들으면서 큰소리로 따라해보세요.

341 it	342 job	343 join	344 juice	345 jump
346 jungle	347 just	348 keep	349 key	350 kick

STEP 2 단어를 줄에 맞춰 따라쓰기를 한 다음 직접 또박또박 써보세요.

---

341 **it**
[ɪt] 잇

때 그것

it it

it's me. 그건 나야.

---

342 **job**
[dʒɑːb] 자아압

명 직업, 일

job job

finish a **job** 일을 끝내다

---

343 **join**
[dʒɔɪn] 조인

동 가입하다

join join

join the basketball team 농구팀에 가입하다

---

344 **juice**
[dʒuːs] 주우스

명 주스

juice juice

orange **juice** 오렌지 주스

345

jump

[dʒʌmp] 점프

⑧ 뛰어오르다

jump jump

jump into the sea 바다로 뛰어들다

346

jungle

[ˈdʒʌŋgl] 정글

⑨ 밀림지대, 정글

jungle jungle

go into the **jungle** 정글 속으로 들어가다

347

just

[dʒʌst] 저스트

⑨ 꼭, 바로, 오직, 단지

just just

just half past six 정각 6시 반

348

keep

[kiːp] 키이입

⑧ 지키다, 견디다

keep keep

keep to the right 우측통행하다

349

key

[kiː] 키이

⑨ 열쇠

key key

make a **key** 열쇠를 만들다

350

kick

[kɪk] 킥

⑧ 차다

kick kick

kick a ball 공을 차다

01 week
02 week
03 week
04 week
05 week
06 week
07 week
08 week
09 week
10 week
11 week
12 week
13 week
14 week
15 week
16 week

TEST 1 제시된 영단어의 우리말 뜻을 네모 상자 안에 써넣으세요.

01. heart

11. house

02. hen

12. hundred

03. hiking

13. ice

04. hill

14. idea

05. hole

15. ill

06. holiday

16. ink

07. hose

17. island

08. horse

18. job

09. hospital

19. juice

10. hour

20. key

TEST 2 우리말 뜻 잘 보고 알맞는 영단어를 네모 상자 안에 써넣으세요.

01. 무거운

02. 여기에

03. 숨다

04. 높은

05. 때리다, 치다

06. 잡다

07. 희망, 바라다

08. 뜨거운

09. 어떻게

10. 배고픈

11. 서두르다

12. 다치게 하다

13. 흥미

14. ~안쪽으로

15. 소개하다

16. 가입하다

17. 뛰어오르다

18. 밀림지대, 정글

19. 지키다, 견디다

20. 차다

95

큐알코드를 체크하면
원어민의 발음을 들을 수 있습니다.
영어 단어를 큰소리로 따라 읽고
밑줄 위에 여러 번 써보세요.

STEP 1 녹음을 들으면서 큰소리로 따라해보세요.

351 kid	352 kill	353 kind	354 king	355 kitchen
356 knee	357 knife	358 knock	359 know	360 lady

STEP 2 단어를 줄에 맞춰 따라쓰기를 한 다음 직접 또박또박 써보세요.

351 **kid**
[kɪd] 키드

명 아이

kid kid

a little **kid** 어린 아이

352 **kill**
[kɪl] 킬

동 죽이다

kill kill

kill an animal 동물을 죽이다

353 **kind**
[kaɪnd] 카인드

명 종류 형 친절한

kind kind

a **kind** boy 친절한 소년

354 **king**
[kɪŋ] 킹

명 왕

king king

the **king** of all animals 모든 동물의 왕

week 01
week 02
week 03
week 04
week 05
week 06
week 07
week 08
week 09
week 10
week 11
week 12
week 13
week 14
week 15
week 16

355

kitchen

[ˈkɪtʃɪn] 키췬

(명) 부엌

kitchen kitchen

cook in the **kitchen** 부엌에서 요리하다

356

knee

[niː] 니이

(명) 무릎

knee knee

bend one's **knees** 무릎을 구부리다

357

knife

[naɪf] 나이프

(명) 칼

knife knife

cut with a **knife** 칼로 자르다

358

knock

[nɑːk] 나아악

(동) 두드리다

knock knock

knock on the door 문을 두드리다

359

know

[noʊ] 노우

(동) 알다

know know

know the fact 사실을 알다

360

lady

[ˈleɪdi] 레이디

(명) 숙녀

lady lady

the first **lady** 대통령 부인[영부인]

DAY 02 week 08

큐알코드를 체크하면
원어민의 발음을 들을 수 있습니다.
영어 단어를 큰소리로 따라 읽고
밑줄 위에 여러 번 써보세요.

STEP 1 녹음을 들으면서 큰소리로 따라해보세요.

361 lake	362 lamp	363 land	364 large	365 last
366 late	367 laugh	368 lead	369 leaf	370 learn

STEP 2 단어를 줄에 맞춰 따라쓰기를 한 다음 직접 또박또박 써보세요.

361 lake
[leɪk] 레이크

명 호수

~~lake lake~~

fish in a **lake** 호수에서 낚시하다

362 lamp
[læmp] 램프

명 등, 등불

~~lamp lamp~~

turn on the **lamp** 등불을 켜다

363 land
[lænd] 랜드

명 땅, 육지

~~land land~~

a **land** animal 육지 동물

364 large
[lɑːrdʒ] 라아ㄹ쥐

형 큰, 많은

~~large large~~

a **large** number of people 많은 사람들

98

365 **last**

[læst] 래스트

(형) 최후의, 지난

last last

the **last** day 마지막 날

366 **late**

[leɪt] 레이트

(형) 늦은

late late

go to bed **late** 늦게 자다

367 **laugh**

[læf] 래프

(동) 웃다

laugh laugh

laugh heartily 실컷 웃다

368 **lead**

[liːd] 리이드

(동) 인도하다, 안내하다

lead lead

lead her into the room 그녀를 방으로 안내하다

369 **leaf**

[liːf] 리이프

(명) 잎

leaf leaf

a green **leaf** 푸른 잎

370 **learn**

[lɜːrn] 러어ㄹ언]

(동) 배우다

learn learn

learn how to skate 스케이트를 배우다

DAY 03 week 08

큐알코드를 체크하면
원어민의 발음을 들을 수 있습니다.
영어 단어를 큰소리로 따라 읽고
밑줄 위에 여러 번 써보세요.

STEP 1 녹음을 들으면서 큰소리로 따라해보세요.

371 leave	372 left	373 leg	374 lesson	375 let
376 letter	377 library	378 lie	379 light	380 like

STEP 2 단어를 줄에 맞춰 따라쓰기를 한 다음 직접 또박또박 써보세요.

371 **leave**
[li:v] 리이브

⑧ 떠나다, 남기다

leave leave

leave home 집을 떠나다

372 **left**
[left] 레프트

⑲ 왼쪽 ⑱ 왼쪽의

left left

turn **left** 왼쪽으로 돌다

373 **leg**
[leg] 레그

⑲ 다리

leg leg

the **leg** of a table 책상다리

374 **lesson**
['lesn] 레슨

⑲ 학과, 수업

lesson lesson

a piano **lesson** 피아노 수업

375 **let**

[let] 렛

동 허락하다

let let

let ~ on a bus 버스에 ~를 태우다

---

376 **letter**

['letə(r)] 레터(ㄹ)

명 편지, 글자

letter letter

mail a **letter** 편지를 부치다

---

377 **library**

[laɪbreri] 라이브레리

명 도서관

library library

take a book from a **library** 도서관에서 책을 빌리다

---

378 **lie**

[laɪ] 라이

명 거짓말
동 거짓말하다, 눕다

lie lie

tell a **lie** 거짓말 하다

---

379 **light**

[laɪt] 라이트

명 빛, 밝기

light light

a low **light** 약한 불빛

light

---

380 **like**

[laɪk] 라이크

형 ~같은 동 좋아하다

like like

like fruit 과일을 좋아하다

DAY 04
week 08

STEP 1 녹음을 들으면서 큰소리로 따라해보세요.

381 line	382 lion	383 lip	384 list	385 listen
386 little	387 live	388 long	389 look	390 lose

STEP 2 단어를 줄에 맞춰 따라쓰기를 한 다음 직접 또박또박 써보세요.

---

381 **line**

[laɪn] 라인

몡 선, 줄

line line

draw a **line** on the paper 종이에 선을 긋다

---

382 **lion**

['laɪən] 라이언

몡 사자

lion lion

a pride of **lions** 사자 한 무리

---

383 **lip**

[lɪp] 립

몡 입술

lip lip

red **lips** 빨간 입술

---

384 **list**

[lɪst] 리스트

몡 목록

list list

a **list** of members 회원 명부

---

01 week
02 week
03 week
04 week
05 week
06 week
07 week
08 week
09 week
10 week
11 week
12 week
13 week
14 week
15 week
16 week

385 **listen**

['lɪsn] 리슨

⑧ 듣다

listen listen

listen to music 음악을 듣다

386 **little**

['lɪtl] 리틀

⑱ 작은

little little

a **little** money 적은 돈

387 **live**

[laɪv] 라이브] / [lɪv] 리브

⑱ 생생한 / ⑧ 살다

live live

a **live** TV show 생방송 TV 쇼 / **live** long 오래 살다

388 **long**

[lɔːŋ] 로옹

⑱ 긴

long long

a **long** night 긴 밤

389 **look**

[lʊk] 룩

⑧ 보다, 바라보다

look look

look at the picture 그림을 보다

390 **lose**

[luːz] 루우즈

⑧ 잃다

lose lose

lose one's purse 지갑을 잃어 버리다

DAY 05
week 08

큐알코드를 체크하면
원어민의 발음을 들을 수 있습니다.
영어 단어를 큰소리로 따라 읽고
밑줄 위에 여러 번 써보세요.

STEP 1 녹음을 들으면서 큰소리로 따라해보세요.

391 lot	392 loud	393 love	394 low	395 luck
396 lunch	397 ma'am	398 mad	399 mail	400 make

STEP 2 단어를 줄에 맞춰 따라쓰기를 한 다음 직접 또박또박 써보세요.

391 lot
[lɑːt] 라앗
명 많음 부 크게

lot lot

a **lot** of stamps 많은 우표

392 loud
[laʊd] 라우드
형 (소리가) 큰

loud loud

a **loud** voice 큰 목소리

393 love
[lʌv] 러브
명 사랑 동 사랑하다

love love

romantic **love** 낭만적인 사랑

394 low
[loʊ] 로우
형 낮은 부 낮게

low low

a very **low** voice 매우 낮은 목소리

104

395 luck

[lʌk] 럭

® 행운

luck luck

wish one's **luck** 행운을 빌다

396 lunch

[lʌntʃ] 런취

® 점심

lunch lunch

eat **lunch** 점심을 먹다

397 ma'am

[mæm] 맴

® 부인, 아주머니

ma'am ma'am

Hello, **ma'am**. 안녕하세요, 아주머니.

398 mad

[mæd] 매드

® 미친

mad mad

a **mad** man 미치광이

399 mail

[meɪl] 메일

® 우편

mail mail

take the **mail** 우편물을 받다

400 make

[meɪk] 메이크

® 만들다

make make

make a dress 드레스를 만들다

TEST 1 제시된 영단어의 우리말 뜻을 네모 상자 안에 써넣으세요.

01. kid

02. king

03. kitchen

04. knee

05. knife

06. lady

07. lake

08. land

09. leaf

10. left

11. leg

12. letter

13. light

14. line

15. lion

16. lip

17. list

18. luck

19. lunch

20. mail

TEST 2 우리말 뜻 잘 보고 알맞는 영단어를 네모 상자 안에 써넣으세요.

01 WEEK
02 WEEK
03 WEEK
04 WEEK
05 WEEK
06 WEEK
07 WEEK
08 WEEK
09 WEEK
10 WEEK
11 WEEK
12 WEEK
13 WEEK
14 WEEK
15 WEEK
16 WEEK

01. 죽이다

02. 종류, 친절한

03. 두드리다

04. 알다

05. 큰, 많은

06. 최후의, 지난

07. 늦은

08. 웃다

09. 인도하다, 안내하다

10. 배우다

11. 떠나다, 남기다

12. 학과, 수업

13. 도서관

14. 듣다

15. 작은

16. 긴

17. 보다, 바라보다

18. 잃다

19. 미친

20. 만들다

DAY 01

week 09

큐알코드를 체크하면
원어민의 발음을 들을 수 있습니다.
영어 단어를 큰소리로 따라 읽고
밑줄 위에 여러 번 써보세요.

STEP 1 녹음을 들으면서 큰소리로 따라해보세요.

| 401 man | 402 many | 403 map | 404 march | 405 market |
| 406 marry | 407 matter | 408 may | 409 meat | 410 medal |

STEP 2 단어를 줄에 맞춰 따라쓰기를 한 다음 직접 또박또박 써보세요.

401 man
[mæn] 맨

몡 남자, 사람

man man

man's heart 남자 마음

402 many
['meni] 메니

혱 많은, 다수의

many many

many friends 많은 친구들

403 map
[mæp] 맵

몡 지도

map map

draw a **map** 지도를 그리다

404 march
[mɑːrtʃ] 마아ㄹ취

몡 3월(M), 행진 동 행진하다

march march

march through the streets 거리를 행진하다

405 market

[mɑːrkɪt] 마아르킷

명 시장

market market

shop at the **market** 시장에서 물건을 사다

406 marry

['mæri] 매리

동 (~와) 결혼하다

marry marry

marry a beautiful lady 아름다운 여성과 결혼하다

407 matter

['mætə(r)] 매터(ㄹ)

명 문제 동 중요하다

matter matter

a little **matter** 사소한 문제

408 may

[meɪ] 메이

명 5월(M) 동 ~일지도 모른다

may may

next **May** 내년 5월

409 meat

[miːt] 미이트

명 고기

meat meat

cook **meat** 고기를 요리하다

410 medal

['medl] 메들

명 메달, 훈장

medal medal

award a **medal** 메달을 수여하다

큐알코드를 체크하면
원어민의 발음을 들을 수 있습니다.
영어 단어를 큰소리로 따라 읽고
밑줄 위에 여러 번 써보세요.

STEP 1 녹음을 들으면서 큰소리로 따라해보세요.

411 meet	412 melon	413 meter	414 middle	415 milk
416 million	417 minute	418 mirror	419 miss	420 model

STEP 2 단어를 줄에 맞춰 따라쓰기를 한 다음 직접 또박또박 써보세요.

411 **meet**
[miːt] 미이트

동 만나다

meet meet

meet a friend of mine 내 친구를 만나다

412 **melon**
['melən] 멜런

명 멜론

melon melon

a slice of **melon** 멜론 한 조각

413 **meter**
['miːtə(r)] 미이터(ㄹ)

명 미터

meter meter

run a hundred **meters** 100미터를 달리다

414 **middle**
['mɪdl] 미들

명 중앙, 가운데 형 중간의

middle middle

the **middle** of the road 도로의 중앙

415 **milk**

[mɪlk] 밀크

명 우유

milk milk

fresh **milk** 신선한 우유

416 **million**

['mɪljən] 밀리언

명 100만

million million

an audience of **millions** 수 백 만 명의 청중

417 **minute**

['mɪnɪt] 미니트

명 분, 순간

minute minute

five **minutes** past three 3시 5분

418 **mirror**

['mɪrə(r)] 미러(ㄹ)

명 거울

mirror mirror

look in a **mirror** 거울을 보다

419 **miss**

[mɪs] 미스

명 ~양(호칭) 동 놓치다

miss miss

miss the chance 기회를 놓치다

420 **model**

['mɑːdl] 마아들

명 모형, 모델

model model

a new **model** 새로운 모델

DAY 03

큐알코드를 체크하면
원어민의 발음을 들을 수 있습니다.
영어 단어를 큰소리로 따라 읽고
밑줄 위에 여러 번 써보세요.

STEP 1 녹음을 들으면서 큰소리로 따라해보세요.

421 mom/mommy 422 money 423 monkey 424 month 425 moon

426 morning 427 mother 428 mountain 429 mouth 430 move

STEP 2 단어를 줄에 맞춰 따라쓰기를 한 다음 직접 또박또박 써보세요.

---

421 **mom/mommy**

[mɑːm] 마암 / ['mɑːmi] 마아미

몡 엄마

mom/mommy mom/mommy

a boy and his **mom** 한 소년과 그의 엄마

---

422 **money**

['mʌni] 머니

몡 돈

money money

have some **money** 약간의 돈을 가지고 있다

---

423 **monkey**

['mʌŋki] 멍키

몡 원숭이

monkey monkey

a spider **monkey** 거미 원숭이

---

424 **month**

[mʌnθ] 먼쓰

몡 달, 월

month month

last **month** 지난 달

---

425 **moon**

[muːn] 무운

명 달

moon moon

a trip to the **moon** 달 여행

426 **morning**

[ˈmɔːrnɪŋ] 모오ㄹ닝

명 아침

morning morning

from **morning** till evening 아침부터 밤까지

427 **mother**

[ˈmʌðə(r)] 머더(ㄹ)

명 어머니

mother mother

instead of my **mother** 어머니 대신에

428 **mountain**

[ˈmaʊntn] 마운튼

명 산

mountain mountain

a high **mountain** 높은 산

429 **mouth**

[maʊθ] 마우쓰

명 입

mouth mouth

a pretty **mouth** 예쁜 입

430 **move**

[muːv] 무우브

동 움직이다

move move

move the table 탁자를 옮기다

큐알코드를 체크하면
원어민의 발음을 들을 수 있습니다.
영어 단어를 큰소리로 따라 읽고
밑줄 위에 여러 번 써보세요.

STEP 1 녹음을 들으면서 큰소리로 따라해보세요.

431 movie	432 Mr.	433 Mrs.	434 much	435 music
436 must	437 name	438 narrow	439 near	440 neck

STEP 2 단어를 줄에 맞춰 따라쓰기를 한 다음 직접 또박또박 써보세요.

---

431 **movie**

['muːvi] 무우비

몡 영화

movie movie

a **movie** star 영화배우

---

432 **Mr.**

['mɪstə(r)] 미스터(ㄹ)

몡 ~씨, 님

Mr. Mr.

with the help of **Mr.** Kim 김 씨의 도움으로

---

433 **Mrs.**

['mɪsɪz] 미씨즈

몡 ~씨, 부인

Mrs. Mrs.

Mr. and **Mrs.** Kim 김 선생님 부부

---

434 **much**

[mʌtʃ] 머취

혱 많은

much much

much rain 많은 비

435 music

['mju:zɪk] 뮤우직

몡 음악

music music

classical **music** 클래식 음악

436 must

[mʌst] 머스트

통 ~해야 한다

must must

needs **must** do 반드시 ~해야 하다

437 name

[neɪm] 네임

몡 이름

name name

call one's **name** ~의 이름을 부르다

438 narrow

[næroʊ] 내로우

혱 (폭이) 좁은

narrow narrow

a **narrow** river 좁은 강

439 near

[nɪə(r)] 니어(ㄹ)

혱 가까운

near near

near the school 학교 근처에

440 neck

[nek] 넥

몡 목

neck neck

a short **neck** 짧은 목

큐알코드를 체크하면
원어민의 발음을 들을 수 있습니다.
영어 단어를 큰소리로 따라 읽고
밑줄 위에 여러 번 써보세요.

STEP 1 녹음을 들으면서 큰소리로 따라해보세요.

441 **need**	442 **never**	443 **new**	444 **news**	445 **next**
446 **nice**	447 **night**	448 **no**	449 **noise**	450 **north**

STEP 2 단어를 줄에 맞춰 따라쓰기를 한 다음 직접 또박또박 써보세요.

---

441 **need**

[niːd] 니이드

명 필요 동 필요하다

need need

need a friend 친구가 필요하다

---

442 **never**

['nevə(r)] 네버(ㄹ)

부 결코 ~않다

never never

never tell a lie 결코 거짓말을 하지 않는다

---

443 **new**

[nuː] 뉴우

형 새로운

new new

a **new** address 새로운 주소

---

444 **news**

[nuːz] 뉴우즈

명 뉴스, 소식

news news

good **news** 좋은 소식

116

445 next

[nekst] 넥스트

형 다음의

next next

the **next** house 이웃집

---

446 nice

[naɪs] 나이스

형 좋은, 괜찮은

nice nice

a **nice** song 좋은 노래

---

447 night

[naɪt] 나이트

명 밤

night night

late at **night** 밤늦게

---

448 no

[noʊ] 노우

부 아니, 아니오

no no

No parking 주차 금지

---

449 noise

[nɔɪz] 노이즈

명 소음

noise noise

a loud **noise** 큰 소음

---

450 north

[nɔːrθ] 노오ㄹ쓰

명 북쪽 형 북쪽의

north north

north of the city 그 도시의 북쪽에

WEEK 01
WEEK 02
WEEK 03
WEEK 04
WEEK 05
WEEK 06
WEEK 07
WEEK 08
WEEK 09
WEEK 10
WEEK 11
WEEK 12
WEEK 13
WEEK 14
WEEK 15
WEEK 16

TEST 1 제시된 영단어의 우리말 뜻을 네모 상자 안에 써넣으세요.

01. man

02. map

03. market

04. meat

05. medal

06. melon

07. meter

08. milk

09. million

10. mirror

11. money

12. monkey

13. moon

14. mouth

15. movie

16. music

17. name

18. neck

19. night

20. noise

TEST 2 우리말 뜻 잘 보고 알맞는 영단어를 네모 상자 안에 써넣으세요.

01. (~와) 결혼하다

11. 많은

02. 만나다

12. ~해야 한다

03. 중앙, 가운데, 중간의

13. (폭이) 좁은

04. 분, 순간

14. 가까운

05. 모형, 모델

15. 필요, 필요하다

06. 달, 월

16. 새로운

07. 아침

17. 뉴스, 소식

08. 어머니

18. 다음의

09. 산

19. 좋은, 괜찮은

10. 움직이다

20. 북쪽, 북쪽의

DAY 01

week 10

STEP 1 녹음을 들으면서 큰소리로 따라해보세요.

451 nose	452 not	453 note	454 now	455 number
456 nurse	457 o'clock	458 of	459 off	460 office

STEP 2 단어를 줄에 맞춰 따라쓰기를 한 다음 직접 또박또박 써보세요.

451 **nose**
[noʊz] 노우즈

명 코

nose nose

a long **nose** 긴 코

452 **not**
[nɑːt] 나앗

동 ~아니다, ~않다

not not

not always 항상 ~한 것은 아니다

453 **note**
[noʊt] 노우트

명 공책

note note

make a **note** of ~을 공책에 적다

454 **now**
[naʊ] 나우

부 지금, 현재

now now

until **now** 지금까지

455 number

['nʌmbə(r)] 넘버(ㄹ)

number number

명 숫자

count the **number** of pupils 학생 수를 세다

456 nurse

[nɜːrs] 너어ㄹ스

nurse nurse

명 간호사

a kind **nurse** 친절한 간호사

457 o'clock

[ə'klɑːk] 어클라악

o'clock o'clock

명 ~시 정각

the seven **o'clock** train 7시 출발의 기차

458 of

[ʌv] 어브

of of

전 ~의

a quarter **of** a cake 케이크의 4분의 1

459 off

[ɔːf] 오오프

off off

부 떨어져서, 떼어져

three miles **off** 3마일 떨어져서

460 office

[ɔːfɪs] 오오퓌스

office office

명 사무실

go to the **office** 출근하다

큐알코드를 체크하면
원어민의 발음을 들을 수 있습니다.
영어 단어를 큰소리로 따라 읽고
밑줄 위에 여러 번 써보세요.

STEP 1 녹음을 들으면서 큰소리로 따라해보세요.

461 often	462 oh	463 oil	464 okay	465 old
466 on	467 once	468 only	469 open	470 or

STEP 2 단어를 줄에 맞춰 따라쓰기를 한 다음 직접 또박또박 써보세요.

461 **often**

[ɔːfn] 오오픈

(부) 자주, 흔히

often often

often come to see me 나를 자주 만나러 오다

462 **oh**

[oʊ] 오우

(감) 오!

oh oh

Oh dear! 아이고 맙소사!

463 **oil**

[ɔɪl] 오일

(명) 기름, 석유

oil oil

cooking **oil** 식용유

464 **okay**

[oʊkeɪ] 오우케이

(감) 좋아! (= O.K.)

okay okay

Okay, okay. 알았어, 알았다니까.

01 WEEK
02 WEEK
03 WEEK
04 WEEK
05 WEEK
06 WEEK
07 WEEK
08 WEEK
09 WEEK
10 WEEK
11 WEEK
12 WEEK
13 WEEK
14 WEEK
15 WEEK
16 WEEK

465 **old**

[oʊld] 오울드

⑱ 낡은, 늙은

old old

an **old** coat 헌옷

466 **on**

[ɒn] 온

㉄ ~위에

on on

bicycle **on** the road 도로 위의 자전거

467 **once**

[wʌns] 원스

㉟ 이전에, 한 번

once once

once a week 일주일에 한 번

468 **only**

['oʊnli] 오운리

⑱ 유일한 ㉟ 겨우, 단지

only only

eat **only** bread 빵만 먹다

469 **open**

[oʊpən] 오우펀

⑱ 열린 ⑤ 열다

open open

an **open** door 열린 문

470 **or**

[ɔː(r)] 오어(ㄹ)

㉒ 또는, 혹은

or or

summer **or** winter 여름 또는 겨울

큐알코드를 체크하면
원어민의 발음을 들을 수 있습니다.
영어 단어를 큰소리로 따라 읽고
밑줄 위에 여러 번 써보세요.

STEP 1 녹음을 들으면서 큰소리로 따라해보세요.

471 orange   472 other   473 out   474 over   475 page

476 paint   477 pair   478 pants   479 paper   480 pardon

STEP 2 단어를 줄에 맞춰 따라쓰기를 한 다음 직접 또박또박 써보세요.

---

471 **orange**

[ɔ:rɪndʒ] 오오린쥐

명 오렌지

orange orange

orange peel 오렌지 껍질

---

472 **other**

['ʌðə(r)] 어더(ㄹ)

형 그 밖의, 다른

other other

other day 다른 날

---

473 **out**

[aʊt] 아웃

부 밖으로

out out

go **out** 밖으로 나가다

---

474 **over**

[oʊvə(r)] 오우버(ㄹ)

전 부 ~위에

over over

a bridge **over** the river 강 위에 놓인 다리

WEEK 01
WEEK 02
WEEK 03
WEEK 04
WEEK 05
WEEK 06
WEEK 07
WEEK 08
WEEK 09
WEEK 10
WEEK 11
WEEK 12
WEEK 13
WEEK 14
WEEK 15
WEEK 16

475 **page**

[peɪdʒ] 페이쥐

⑲ 페이지, 쪽

page page

turn a **page** 페이지를 넘기다

476 **paint**

[peɪnt] 페인트

⑲ 물감, 페인트 ⑧ 칠하다

paint paint

paint a wall 벽을 칠하다

477 **pair**

[peə(r)] 페어(ㄹ)

⑲ 짝, 한 쌍

pair pair

a **pair** of shoes 신발 한 켤레

478 **pants**

[pænts] 팬츠

⑲ 바지

pants pants

blue **pants** 청바지

479 **paper**

['peɪpə(r)] 페이퍼(ㄹ)

⑲ 종이

paper paper

a daily **paper** 일간지

480 **pardon**

['pɑːrdn] 파아ㄹ든

⑲ 용서 ⑧ 용서하다

pardon pardon

pardon one's mistake ~의 잘못을 용서하다

DAY 04

week 10

큐알코드를 체크하면
원어민의 발음을 들을 수 있습니다.
영어 단어를 큰소리로 따라 읽고
밑줄 위에 여러 번 써보세요.

STEP 1 녹음을 들으면서 큰소리로 따라해보세요.

481 parents	482 park	483 party	484 pass	485 pay
486 peace	487 pear	488 pen	489 pencil	490 people

STEP 2 단어를 줄에 맞춰 따라쓰기를 한 다음 직접 또박또박 써보세요.

481 **parents**

[perənts] 페런츠

⑲ 부모님

parents parents

respect my **parents** 부모님을 존경하다

482 **park**

[pɑːrk] 파아ㄹ크

⑲ 공원

park park

walk in a **park** 공원을 걷다

483 **party**

['pɑːrti] 파아ㄹ티

⑲ 파티

party party

hold a **party** 파티를 열다

484 **pass**

[pæs] 패스

⑧ 지나가다, 통과하다

pass pass

pass the exam 시험에 합격하다

126

485 pay

[peɪ] 페이

동 지불하다, 지급하다

pay pay

pay in cash 현금으로 지불하다

486 peace

[piːs] 피이스

명 평화

peace peace

love **peace** 평화를 사랑하다

487 pear

[peə(r)] 페어(ㄹ)

명 배 〈과일〉

pear pear

a juicy **pear** 즙이 많은 배

488 pen

[pen] 펜

명 펜, 만년필

pen pen

a fountain **pen** 만년필

489 pencil

['pensl] 펜슬

명 연필

pencil pencil

write with a **pencil** 연필로 쓰다

490 people

['piːpl] 피이플

명 사람들

people people

many **people** 많은 사람들

큐알코드를 체크하면
원어민의 발음을 들을 수 있습니다.
영어 단어를 큰소리로 따라 읽고
밑줄 위에 여러 번 써보세요.

STEP 1 녹음을 들으면서 큰소리로 따라해보세요.

491 piano	492 pick	493 picnic	494 picture	495 piece
496 pig	497 pilot	498 pin	499 pine	500 pink

STEP 2 단어를 줄에 맞춰 따라쓰기를 한 다음 직접 또박또박 써보세요.

491 **piano**
[piˈænoʊ] 피애노우

몡 피아노

piano piano

practice at the **piano** 피아노를 연습하다

492 **pick**
[pɪk] 픽

동 따다, 뽑다, 찍다

pick pick

pick flowers 꽃을 꺾다

493 **picnic**
[ˈpɪknɪk] 피크닉

몡 소풍

picnic picnic

a **picnic** in the park 공원에서의 소풍

494 **picture**
[ˈpɪktʃə(r)] 픽처

몡 그림, 사진

picture picture

draw a **picture** 그림을 그리다

495 piece
[pi:s] 피이스

® 조각

piece piece

a **piece** of bread 빵 한 조각

496 pig
[pɪg] 피그

® 돼지

pig pig

make a **pig** of oneself 돼지같이 먹다

497 pilot
['paɪlət] 파일럿

® 조종사

pilot pilot

an old **pilot** 나이든 조종사

498 pin
[pɪn] 핀

® 핀

pin pin

a safety **pin** 안전핀

499 pine
[paɪn] 파인

® 소나무

pine pine

a **pine** forest 소나무 숲

500 pink
[pɪŋk] 핑크

® 분홍색 ® 분홍색의

pink pink

a **pink** dress 분홍색 드레스

TEST 1 제시된 영단어의 우리말 뜻을 네모 상자 안에 써넣으세요.

01. nose

02. note

03. number

04. nurse

05. office

06. oil

07. pants

08. paper

09. parents

10. park

11. party

12. peace

13. pencil

14. people

15. piano

16. picnic

17. piece

18. pig

19. pilot

20. pine

TEST 2 우리말 뜻 잘 보고 알맞는 영단어를 네모 상자 안에 써넣으세요.

01. 지금, 현재

11. 물감, 페인트, 칠하다

02. 떨어져서, 떼어져

12. 짝, 한 쌍

03. 자주, 흔히

13. 용서, 용서하다

04. 낡은, 늙은

14. 나가다, 통과하다

05. 이전에, 한 번

15. 지불하다, 지급하다

06. 유일한, 겨우, 단지

16. 배 〈과일〉

07. 열린, 열다

17. 따다, 뽑다, 찍다

08. 그 밖의, 다른

18. 그림, 사진

09. 밖으로

19. 핀

10. 페이지, 쪽

20. 분홍색, 분홍색의

01 02 03 04 05 06 07 08 09 **10** 11 12 13 14 15 16

131

DAY 01

week 11

큐알코드를 체크하면
원어민의 발음을 들을 수 있습니다.
영어 단어를 큰소리로 따라 읽고
밑줄 위에 여러 번 써보세요.

STEP 1 녹음을 들으면서 큰소리로 따라해보세요.

501 pipe	502 place	503 plan	504 plane	505 plant
506 play	507 please	508 pocket	509 point	510 police

STEP 2 단어를 줄에 맞춰 따라쓰기를 한 다음 직접 또박또박 써보세요.

---

501 **pipe**

[paɪp] 파이프

⑱ 파이프, 관

pipe pipe

a long **pipe** 긴 파이프

---

502 **place**

[pleɪs] 플레이스

⑱ 장소

place place

a **place** of meeting 모이는 장소

KIDS PLACE

---

503 **plan**

[plæn] 플랜

⑱ 계획

plan plan

make **plan** 계획을 세우다

---

504 **plane**

[pleɪn] 플레인

⑱ 비행기

plane plane

a passenger **plane** 여객기

week 01
week 02
week 03
week 04
week 05
week 06
week 07
week 08
week 09
week 10
week 11
week 12
week 13
week 14
week 15
week 16

505 **plant**

[plænt] 플랜트

명 식물

plant plant

a wild **plant** 야생 식물

506 **play**

[pleɪ] 플레이

명 놀이 동 놀다

play play

study and **play** 공부와 놀이

507 **please**

[pliːz] 플리이즈

부 부디, 제발 동 기쁘게 하다

please please

please highly 크게 만족시키다

508 **pocket**

[pɑːkɪt] 파아킷

명 주머니

pocket pocket

a pants **pocket** 바지 주머니

509 **point**

[pɔɪnt] 포인트

명 점, 요점 동 가리키다

point point

the **point** of her talk 이야기의 요점

510 **police**

[pəˈliːs] 펄리이스

명 경찰

police police

call a **police** 경찰을 부르다

133

DAY 02
week 11

 큐알코드를 체크하면
원어민의 발음을 들을 수 있습니다.
영어 단어를 큰소리로 따라 읽고
밑줄 위에 여러 번 써보세요.

STEP 1 녹음을 들으면서 큰소리로 따라해보세요.

511 pool	512 poor	513 post	514 poster	515 potato
516 practice	517 present	518 pretty	519 print	520 problem

STEP 2 단어를 줄에 맞춰 따라쓰기를 한 다음 직접 또박또박 써보세요.

511 **pool**
[puːl] 푸울

명 풀장, 웅덩이

pool pool

swim in the **pool** 풀장에서 수영하다

512 **poor**
[puə(r)] 푸어(ㄹ)

형 가난한

poor poor

poor people 가난한 사람들

513 **post**
[poust] 포우스트

명 우편, 기둥

post post

post office 우체국

514 **poster**
[poustə(r)] 포우스터(ㄹ)

명 포스터

poster poster

put up a **poster** 포스터를 붙이다

515 potato

[pəteɪtou] 포테이토우

⑲ 감자

potato potato

fry **potatoes** 감자를 튀기다

516 practice

['præktɪs] 프랙티스

⑲ 연습 ⑧ 연습하다

practice practice

a **practice** game 연습 경기

517 present

['preznt] 프레즌트

⑲ 선물, 현재

present present

a birthday **present** 생일 선물

518 pretty

['prɪti] 프리티

⑲ 예쁜

pretty pretty

a **pretty** doll 예쁜 인형

519 print

[prɪnt] 프린트

⑧ 인쇄하다

print print

print posters 포스터를 인쇄하다

520 problem

[prɑːbləm] 프라아블럼

⑲ 문제

problem problem

an easy **problem** 쉬운 문제

큐알코드를 체크하면
원어민의 발음을 들을 수 있습니다.
영어 단어를 큰소리로 따라 읽고
밑줄 위에 여러 번 써보세요.

STEP 1 녹음을 들으면서 큰소리로 따라해보세요.

521 pull	522 push	523 put	524 queen	525 question
526 quick	527 quiet	528 radio	529 rain	530 rainbow

STEP 2 단어를 줄에 맞춰 따라쓰기를 한 다음 직접 또박또박 써보세요.

---

521 **pull**
[pʊl] 풀

동 끌다, 잡아당기다

pull pull

pull dog's tail 개의 꼬리를 잡아당기다

---

522 **push**
[pʊʃ] 푸쉬

동 밀다

push push

push at the back 뒤에서 밀다

---

523 **put**
[pʊt] 풋

동 두다

put put

put a box on the desk 상자를 책상 위에 놓다

---

524 **queen**
[kwiːn] 퀸

명 여왕

queen queen

a beautiful **queen** 아름다운 여왕

136

525 question

['kwestʃən] 퀘스천

명 질문

question question

ask a **question** 질문하다

526 quick

[kwɪk] 퀵

형 빠른, 급속한

quick quick

a **quick** movement 빠른 동작

527 quiet

['kwaɪət] 콰이엇

형 조용한

quiet quiet

a **quiet** room 조용한 방

528 radio

[reɪdioʊ] 레이디오우

명 라디오

radio radio

listen to the **radio** 라디오를 듣다

529 rain

[reɪn] 레인

명 비 동 비가 오다

rain rain

a heavy **rain** 폭우

530 rainbow

[reɪnboʊ] 레인보우

명 무지개

rainbow rainbow

a beautiful **rainbow** 아름다운 무지개

큐알코드를 체크하면
원어민의 발음을 들을 수 있습니다.
영어 단어를 큰소리로 따라 읽고
밑줄 위에 여러 번 써보세요.

STEP 1 녹음을 들으면서 큰소리로 따라해보세요.

531 read	532 ready	533 real	534 record	535 red
536 remember	537 repeat	538 rest	539 restaurant	540 return

STEP 2 단어를 줄에 맞춰 따라쓰기를 한 다음 직접 또박또박 써보세요.

---

531 **read**

[riːd] 리이드

동 읽다

read read

read a newspaper 신문을 읽다

---

532 **ready**

['redi] 레디

형 준비된

ready ready

be **ready** to go to school 학교에 갈 준비가 되어 있다

---

533 **real**

['riːəl] 리이얼

형 실제의

real real

a **real** jewel 진짜 보석

---

534 **record**

[rɪˈkɔːd] 리코오드

동 기록하다

record record

record a song on tape 노래를 테이프에 녹음하다

138

535 red

[red] 레드

몡 빨강 혱 빨간색의

red red

a **red** dress 빨간 드레스

536 remember

[rɪˈmembə(r)] 리멤버(ㄹ)

통 기억하다

remember remember

remember one's name ~의 이름을 기억하다

537 repeat

[rɪˈpiːt] 리피이트

통 반복하다

repeat repeat

repeat news 뉴스를 반복하다

538 rest

[rest] 레스트

몡 휴식 통 쉬다

rest rest

an hour's **rest** 1시간의 휴식

539 restaurant

[restəraːnt] 레스터라안트

몡 식당

restaurant restaurant

eat at a **restaurant** 식당에서 식사를 하다

540 return

[rɪˈtɜːrn] 리터ㄹ언

통 되돌아가다

return return

return home 집에 돌아가다

DAY 05
week 11

큐알코드를 체크하면
원어민의 발음을 들을 수 있습니다.
영어 단어를 큰소리로 따라 읽고
밑줄 위에 여러 번 써보세요.

STEP 1 녹음을 들으면서 큰소리로 따라해보세요.

541 ribbon	542 rice	543 rich	544 ride	545 right
546 ring	547 river	548 road	549 robot	550 rock

STEP 2 단어를 줄에 맞춰 따라쓰기를 한 다음 직접 또박또박 써보세요.

---

541 **ribbon**

['rɪbən] 리번

명 리본

ribbon ribbon

a yellow **ribbon** 노란 리본

---

542 **rice**

[raɪs] 라이스

명 쌀, 밥

rice rice

cook **rice** 밥을 짓다

---

543 **rich**

[rɪtʃ] 리취

형 부유한

rich rich

a **rich** father 부자 아버지

---

544 **ride**

[raɪd] 라이드

동 타다

ride ride

ride on a train 기차를 타다

140

545 right

[raɪt] 라이트

뗑 오른쪽 혱 옳은

right right

my **right** arm 나의 오른팔

546 ring

[rɪŋ] 링

뗑 반지, 고리

ring ring

a diamond **ring** 다이아몬드 반지

547 river

[ˈrɪvə(r)] 리버(ㄹ)

뗑 강

river river

swim across a **river** 강을 헤엄쳐 건너다

548 road

[roʊd] 로우드

뗑 길

road road

car on the **road** 도로 위의 차

549 robot

[ˈroʊbɑːt] 로우바아트

뗑 로봇

robot robot

an industrial **robot** 산업 로봇

550 rock

[rɑːk] 라악

뗑 바위

rock rock

a big **rock** 큰 바위

WEEK 01
WEEK 02
WEEK 03
WEEK 04
WEEK 05
WEEK 06
WEEK 07
WEEK 08
WEEK 09
WEEK 10
week 11
WEEK 12
WEEK 13
WEEK 14
WEEK 15
WEEK 16

Practice Test

TEST 1 제시된 영단어의 우리말 뜻을 네모 상자 안에 써넣으세요.

01. place

02. plan

03. plane

04. plant

05. police

06. potato

07. present

08. problem

09. push

10. queen

11. question

12. quiet

13. rainbow

14. record

15. restaurant

16. rice

17. right

18. river

19. road

20. rock

TEST 2 우리말 뜻 잘 보고 알맞는 영단어를 네모 상자 안에 써넣으세요.

01. 놀이, 놀다

11. 읽다

02. 가난한

12. 준비된

03. 우편, 기둥

13. 실제의

04. 연습, 연습하다

14. 빨강, 빨간색의

05. 예쁜

15. 기억하다

06. 인쇄하다

16. 반복하다

07. 끌다, 잡아당기다

17. 휴식, 쉬다

08. 두다

18. 되돌아가다

09. 빠른, 급속한

19. 부유한

10. 비, 비가 오다

20. 타다

01 WEEK
02 WEEK
03 WEEK
04 WEEK
05 WEEK
06 WEEK
07 WEEK
08 WEEK
09 WEEK
10 WEEK
11 WEEK
12 WEEK
13 WEEK
14 WEEK
15 WEEK
16 WEEK

큐알코드를 체크하면
원어민의 발음을 들을 수 있습니다.
영어 단어를 큰소리로 따라 읽고
밑줄 위에 여러 번 써보세요.

STEP 1 녹음을 들으면서 큰소리로 따라해보세요.

551 rocket	552 roll	553 roof	554 room	555 rose
556 round	557 ruler	558 run	559 sad	560 safe

STEP 2 단어를 줄에 맞춰 따라쓰기를 한 다음 직접 또박또박 써보세요.

---

551 **rocket**

['rɑːkɪt] 라아킷

명 로켓

rocket rocket

a space **rocket** 우주 로켓

---

552 **roll**

[roʊl] 로울

동 구르다, 말다

roll roll

roll in the bed 침대에서 뒹굴다

---

553 **roof**

[ruːf] 루우프

명 지붕

roof roof

a tiled **roof** 기와지붕

---

554 **room**

[ruːm] 루움

명 방

room room

a children's **room** 어린이 방

555

rose

[roʊz] 로우즈

몡 장미

rose rose

a red **rose** 빨간 장미

556

round

[raʊnd] 라운드

혱 둥근

round round

a **round** table 둥근 탁자

557

ruler

['ruːlə(r)] 루울러(ㄹ)

몡 자

ruler ruler

a graduated **ruler** 눈금자

558

run

[rʌn] 런

동 달리다

run run

run 100 meters 100미터를 달리다

559

sad

[sæd] 쌔드

혱 슬픈

sad sad

a **sad** story 슬픈 이야기

560

safe

[seɪf] 쎄이프

혱 안전한

safe safe

a **safe** place 안전한 장소

DAY 02
week 12

큐알코드를 체크하면
원어민의 발음을 들을 수 있습니다.
영어 단어를 큰소리로 따라 읽고
밑줄 위에 여러 번 써보세요.

STEP 1 녹음을 들으면서 큰소리로 따라해보세요.

| 561 salt | 562 salad | 563 same | 564 sand | 565 say |
| 566 school | 567 score | 568 sea | 569 season | 570 seat |

STEP 2 단어를 줄에 맞춰 따라쓰기를 한 다음 직접 또박또박 써보세요.

561 **salt**
[sɔːlt] 쏘올트

명 소금

salt salt

put some **salt** in the soup 수프에 약간의 소금을 넣다

562 **salad**
['sæləd] 쌜러드

명 샐러드

salad salad

a green **salad** 야채샐러드

563 **same**
[seɪm] 쎄임

형 같은

same same

the **same** age 같은 나이

564 **sand**
[sænd] 쌘드

명 모래

sand sand

a white **sand** 하얀 모래

146

01 week
02 week
03 week
04 week
05 week
06 week
07 week
08 week
09 week
10 week
11 week
12 week
13 week
14 week
15 week
16 week

565 **say**

[seɪ] 쎄이

⑧ 말하다

say say

say about the TV program TV 프로그램에 대해서 말하다

566 **school**

[skuːl] 스쿠울

⑲ 학교

school school

a **school** on the hill 언덕 위의 학교

567 **score**

[skɔː(r)] 스코어(ㄹ)

⑲ 점수

score score

a perfect **score** 만점

568 **sea**

[siː] 씨이

⑲ 바다

sea sea

a deep **sea** 깊은 바다

569 **season**

['siːzn] 씨이즌

⑲ 계절

season season

the summer **season** 여름철

570 **seat**

[siːt] 씨이트

⑲ 의자, 좌석

seat seat

take a **seat** 자리에 앉다

147

DAY 03

week 12

큐알코드를 체크하면
원어민의 발음을 들을 수 있습니다.
영어 단어를 큰소리로 따라 읽고
밑줄 위에 여러 번 써보세요.

STEP 1 녹음을 들으면서 큰소리로 따라해보세요.

571 see	572 sell	573 send	574 service	575 set
576 shall	577 shape	578 she	579 sheep	580 sheet

STEP 2 단어를 줄에 맞춰 따라쓰기를 한 다음 직접 또박또박 써보세요.

---

571 **see**

[si:] 씨이

동 보다

see see

see into the room 방안을 들여다 보다

---

572 **sell**

[sel] 쎌

동 팔다

sell sell

sell a car 자동차를 팔다

---

573 **send**

[send] 쎈드

동 보내다

send send

send him a card 그에게 카드를 보내다

---

574 **service**

[sɜːrvɪs] 써어ㄹ비스

명 봉사, 도움 동 봉사하다

service service

go into **service** 봉사하다

148

575 set

[set] 쎗

동 놓다, (식탁을) 차리다

set set

set a vase on the table 탁자 위에 꽃병을 놓다

576 shall

[ʃæl] 쉘

동 ~일 것이다

shall shall

We **shall** see. 두고 봅시다.

577 shape

[ʃeɪp] 쉐입

명 모양

shape shape

a round **shape** 둥근 모양

578 she

[ʃiː] 쉬이

명 여자, 암컷 때 그녀

she she

a **she**-goat 암 염소

579 sheep

[ʃiːp] 쉬이프

명 양

sheep sheep

sheep graze 양들이 풀을 뜯다

580 sheet

[ʃiːt] 쉬이트

명 시트, 장〈종이〉

sheet sheet

a **sheet** of paper 종이 한 장

01 WEEK
02 WEEK
03 WEEK
04 WEEK
05 WEEK
06 WEEK
07 WEEK
08 WEEK
09 WEEK
10 WEEK
11 WEEK
12 WEEK
13 WEEK
14 WEEK
15 WEEK
16 WEEK

큐알코드를 체크하면
원어민의 발음을 들을 수 있습니다.
영어 단어를 큰소리로 따라 읽고
밑줄 위에 여러 번 써보세요.

STEP 1 녹음을 들으면서 큰소리로 따라해보세요.

581 ship	582 shirt	583 shoe	584 shoot	585 shop
586 short	587 shoulder	588 shout	589 show	590 shower

STEP 2 단어를 줄에 맞춰 따라쓰기를 한 다음 직접 또박또박 써보세요.

581

ship

[ʃɪp] 쉽

몡 배

ship ship

sail on a **ship** 배로 항해하다

582

shirt

[ʃɜːrt] 셔어ㄹ트

몡 셔츠

shirt shirt

a gray **shirt** 회색 셔츠

583

shoe

[ʃuː] 슈우

몡 신발

shoe shoe

new **shoes** 새 신발

584

shoot

[ʃuːt] 슈우트

동 쏘다

shoot shoot

shoot an arrow 활을 쏘다

---

585 **shop**

[ʃɑːp] 샤압

명 가게

shop shop

a gift **shop** 선물가게

586 **short**

[ʃɔːrt] 쇼오르트

형 짧은

short short

a **short** story 짧은 이야기

587 **shoulder**

[ʃoʊldə(r)] 쇼울더(ㄹ)

명 어깨

shoulder shoulder

broad **shoulders** 넓은 어깨

588 **shout**

[ʃaʊt] 샤우트

동 외치다

shout shout

shout one's name ~의 이름을 큰소리로 부르다

589 **show**

[ʃoʊ] 쇼우

동 나타내다, 보이다

show show

show the picture 그림을 보여 주다

590 **shower**

['ʃaʊə(r)] 샤우어(ㄹ)

명 소나기, 샤워

shower shower

take a **shower** 샤워하다

DAY 05
week 12

 큐알코드를 체크하면
원어민의 발음을 들을 수 있습니다.
영어 단어를 큰소리로 따라 읽고
밑줄 위에 여러 번 써보세요.

STEP 1 녹음을 들으면서 큰소리로 따라해보세요.

591 shut	592 sick	593 side	594 sign	595 silver
596 sing	597 sir	598 sister	599 sit	600 size

STEP 2 단어를 줄에 맞춰 따라쓰기를 한 다음 직접 또박또박 써보세요.

---

591 **shut**

[ʃʌt] 셧

⑧ 닫다, 잠그다

shut shut

shut the door 문을 닫다

---

592 **sick**

[sɪk] 씩

⑲ 아픈

sick sick

a **sick** girl 아픈 소녀

---

593 **side**

[saɪd] 싸이드

⑲ 옆, 측면 ⑲ 측면의

side side

one **side** of the road 길 한쪽

---

594 **sign**

[saɪn] 싸인

⑲ 기호, 서명

sign sign

sign a letter 편지에 서명하다

---

01 WEEK
02 WEEK
03 WEEK
04 WEEK
05 WEEK
06 WEEK
07 WEEK
08 WEEK
09 WEEK
10 WEEK
11 WEEK
12 WEEK
13 WEEK
14 WEEK
15 WEEK
16 WEEK

595 **silver**

[ˈsɪlvə(r)] 씰버(ㄹ)

명 은

silver silver

a **silver** plate 은 접시

596 **sing**

[sɪŋ] 씽

동 노래하다

sing sing

sing a song 노래를 부르다

597 **sir**

[sə(r)] 써(ㄹ)

명 ~씨, 손님

sir sir

Excuse me, **sir**. 선생님, 실례합니다.

598 **sister**

[ˈsɪstə(r)] 씨스터(ㄹ)

명 여자 형제, 언니, 여동생

sister sister

my big **sister** 우리 언니

599 **sit**

[sɪt] 씻

동 앉다

sit sit

sit on a chair 의자에 앉다

600 **size**

[saɪz] 싸이즈

명 크기

size size

the **size** of the window 창문의 크기

Practice Test / WEEK 12 /

TEST 1 제시된 영단어의 우리말 뜻을 네모 상자 안에 써넣으세요.

01. roof

02. room

03. rose

04. ruler

05. salt

06. sand

07. school

08. score

09. sea

10. season

11. shape

12. sheep

13. ship

14. shirt

15. shoe

16. shop

17. shoulder

18. sign

19. silver

20. size

TEST 2 우리말 뜻 잘 보고 알맞는 영단어를 네모 상자 안에 써넣으세요.

01. 구르다, 말다

02. 둥근

03. 달리다

04. 슬픈

05. 안전한

06. 말하다

07. 의자, 좌석

08. 보다

09. 팔다

10. 보내다

11. 쏘다

12. 짧은

13. 외치다

14. 나타내다, 보이다

15. 소나기, 샤워

16. 닫다, 잠그다

17. 아픈

18. 옆, 측면, 측면의

19. 노래하다

20. 앉다

01 week
02 week
03 week
04 week
05 week
06 week
07 week
08 week
09 week
10 week
11 week
12 week
13 week
14 week
15 week
16 week

DAY 01
week 13

 큐알코드를 체크하면
원어민의 발음을 들을 수 있습니다.
영어 단어를 큰소리로 따라 읽고
밑줄 위에 여러 번 써보세요.

STEP 1 녹음을 들으면서 큰소리로 따라해보세요.

601 skate	602 skirt	603 sky	604 sleep	605 slide
606 slow	607 small	608 smell	609 smile	610 smoke

STEP 2 단어를 줄에 맞춰 따라쓰기를 한 다음 직접 또박또박 써보세요.

---

601 **skate**

[skeɪt] 스케이트

몡 스케이트

skate skate

skate on a lake 호수에서 스케이트를 타다

---

602 **skirt**

[skɜːrt] 스커어ㄹ트

몡 치마

skirt skirt

a short **skirt** 짧은 치마

---

603 **sky**

[skaɪ] 스카이

몡 하늘

sky sky

a clear **sky** 맑은 하늘

---

604 **sleep**

[sliːp] 슬리입

통 자다

sleep sleep

sleep well 잘 자다

156

605 **slide**

[slaɪd] 슬라이드

명 미끄럼틀 동 미끄러지다

slide slide

slide on the ice 얼음 위에서 미끄러지다

606 **slow**

[sloʊ] 슬로우

형 느린

slow slow

walk at a **slow** pace 느린 속도로 걷다

607 **small**

[smɔːl] 스모올

형 작은

small small

a **small** animal 작은 동물

608 **smell**

[smel] 스멜

동 냄새맡다, 냄새나다

smell smell

smells sweet 달콤한 냄새가 나다

609 **smile**

[smaɪl] 스마일

명 미소 동 웃다

smile smile

hide a **smile** 웃음을 참다

610 **smoke**

[smoʊk] 스모우크

명 연기 동 담배 피우다

smoke smoke

cigarette **smoke** 담배 연기

큐알코드를 체크하면
원어민의 발음을 들을 수 있습니다.
영어 단어를 큰소리로 따라 읽고
밑줄 위에 여러 번 써보세요.

STEP 1 녹음을 들으면서 큰소리로 따라해보세요.

611 snow	612 so	613 soap	614 soccer	615 socks
616 soft	617 some	618 son	619 song	620 soon

STEP 2 단어를 줄에 맞춰 따라쓰기를 한 다음 직접 또박또박 써보세요.

---

611 **snow**

[snoʊ] 스노우

몡 눈 동 눈이 오다

snow snow

a heavy **snow** 폭설

---

612 **so**

[soʊ] 쏘우

틧 그래서, 그렇게

so so

so many 그렇게 많이

---

613 **soap**

[soʊp] 쏘웁

몡 비누

soap soap

wash with **soap** 비누로 씻다

---

614 **soccer**

[sɑːkə(r)] 싸아커(ㄹ)

몡 축구

soccer soccer

a **soccer** ball 축구공

615 **socks**

[saːks] 싸악스

몡 양말

socks socks

a pair of **socks** 양말 한 켤레

616 **soft**

[sɔːft] 쏘프트

혱 부드러운

soft soft

a **soft** bed 포근한 침대

617 **some**

[sʌm] 썸

혱 약간의

some some

some flowers 약간의 꽃

618 **son**

[sʌn] 썬

몡 아들

son son

adopt a **son** 양자로 삼다

619 **song**

[sɔːŋ] 쏘옹

몡 노래

song song

a popular **song** 인기 있는 노래

620 **soon**

[suːn] 쑤운

뷔 곧

soon soon

finish the homework **soon** 일찍 숙제를 끝내다

DAY 03

week 13

큐알코드를 체크하면
원어민의 발음을 들을 수 있습니다.
영어 단어를 큰소리로 따라 읽고
밑줄 위에 여러 번 써보세요.

STEP 1 녹음을 들으면서 큰소리로 따라해보세요.

621 sorry	622 sound	623 soup	624 south	625 space
626 speak	627 speed	628 spell	629 spend	630 spoon

STEP 2 단어를 줄에 맞춰 따라쓰기를 한 다음 직접 또박또박 써보세요.

---

621 **sorry**

[ˈsɔːri] 쏘오리

형 미안한, 유감스러운

sorry sorry

sorry about ~에 대해 유감스러운

---

622 **sound**

[saʊnd] 싸운드

명 소리

sound sound

a big **sound** 큰 소리

---

623 **soup**

[suːp] 쑤웁

명 수프

soup soup

vegetable **soup** 야채수프

---

624 **south**

[saʊθ] 싸우스

명 남쪽

south south

a **south** gate 남쪽 문

625 **space**

[speɪs] 스페이스

몡 공간, 우주

space space

open **space** 빈 공간

626 **speak**

[spiːk] 스피이크

동 말하다

speak speak

speak English 영어를 말하다

627 **speed**

[spiːd] 스피이드

몡 속도

speed speed

top **speed** 최고 속도

628 **spell**

[spel] 스펠

동 철자를 쓰다

spell spell

spell one's name ~의 이름 철자를 쓰다

629 **spend**

[spend] 스펜드

동 (시간, 돈을) 보내다, 쓰다

spend spend

spend some money 돈을 쓰다

630 **spoon**

[spuːn] 스푸운

몡 숟가락

spoon spoon

eat with a **spoon** 숟가락으로 먹다

DAY 04

week 13

큐알코드를 체크하면
원어민의 발음을 들을 수 있습니다.
영어 단어를 큰소리로 따라 읽고
밑줄 위에 여러 번 써보세요.

STEP 1 녹음을 들으면서 큰소리로 따라해보세요.

631 sport   632 spring   633 square   634 stairs   635 stamp

636 stand   637 star   638 start   639 station   640 stay

STEP 2 단어를 줄에 맞춰 따라쓰기를 한 다음 직접 또박또박 써보세요.

631 **sport**

[spɔːrt] 스포오ㄹ트

몡 운동, 경기

sport sport

play a **sport** 운동을 하다

632 **spring**

[sprɪŋ] 스프링

몡 봄, 용수철

spring spring

an early **spring** 이른 봄

633 **square**

[skweə(r)] 스퀘어(ㄹ)

몡 정사각형

square square

draw a **square** 정사각형을 그리다

634 **stairs**

[steəz] 스테어즈

몡 계단

stairs stairs

go up the **stairs** 계단을 오르다

635 stamp

['stæmp] 스탬프

명 우표, 도장

stamp stamp

put a **stamp** 우표를 붙이다

636 stand

['stænd] 스탠드

동 서다

stand stand

stand still 가만히 서 있다

637 star

[stɑː(r)] 스타애(ㄹ)

명 별

star star

a bright **star** 밝은 별

638 start

[stɑːrt] 스타아ㄹ트

명 시작 동 시작하다

start start

start to dance 춤을 추기 시작하다

639 station

['steɪʃn] 스테이션

명 역, 정거장

station station

arrive at the **station** 역에 도착하다

640 stay

[steɪ] 스테이

동 머무르다

stay stay

stay at the office 사무실에 머물다

큐알코드를 체크하면
원어민의 발음을 들을 수 있습니다.
영어 단어를 큰소리로 따라 읽고
밑줄 위에 여러 번 써보세요.

STEP 1 녹음을 들으면서 큰소리로 따라해보세요.

641 steam	642 step	643 stick	644 stone	645 stop
646 store	647 storm	648 story	649 stove	650 straight

STEP 2 단어를 줄에 맞춰 따라쓰기를 한 다음 직접 또박또박 써보세요.

---

641 **steam**

[sti:m] 스티임

명 증기

steam steam

a **steam** engine 증기 기관

---

642 **step**

[step] 스텝

명 걸음

step step

a first **step** 첫 걸음

---

643 **stick**

[stɪk] 스틱

명 막대기

stick stick

a hiking **stick** 하이킹용 스틱

---

644 **stone**

[stoʊn] 스토운

명 돌

stone stone

throw a **stone** 돌을 던지다

164

WEEK 01
WEEK 02
WEEK 03
WEEK 04
WEEK 05
WEEK 06
WEEK 07
WEEK 08
WEEK 09
10
11
12
WEEK 13
14
15
16

645 stop

[staːp] 스타압

동 멈추다

stop stop

stop the work 일을 중단하다

646 store

[stɔː(r)] 스토오(ㄹ)

명 가게, 상점

store store

open a **store** 가게를 열다

647 storm

[stɔːrm] 스토ㄹ옴

명 폭풍

storm storm

a heavy **storm** 심한 폭풍우

648 story

['stɔːri] 스토오리

명 이야기

story story

tell a **story** 이야기를 하다

649 stove

[stoʊv] 스토우브

명 난로

stove stove

a gas **stove** 가스난로

650 straight

[streɪt] 스트레이트

형 곧은 부 곧게, 똑바로

straight straight

a **straight** line 직선

TEST 1 제시된 영단어의 우리말 뜻을 네모 상자 안에 써넣으세요.

01. skirt

11. speed

02. sky

12. sport

03. soap

13. spring

04. soccer

14. square

05. socks

15. stairs

06. son

16. stamp

07. song

17. star

08. sound

18. station

09. south

19. stick

10. space

20. stone

TEST 2 우리말 뜻 잘 보고 알맞는 영단어를 네모 상자 안에 써넣으세요.

01. 자다

11. 말하다

02. 미끄럼틀, 미끄러지다

12. 서다

03. 느린

13. 시작, 시작하다

04. 작은

14. 머무르다

05. 냄새맡다, 냄새나다

15. 증기

06. 미소, 웃다

16. 걸음

07. 눈, 눈이 오다

17. 멈추다

08. 그래서, 그렇게

18. 가게, 상점

09. 부드러운

19. 폭풍

10. 약간의

20. 이야기

큐알코드를 체크하면
원어민의 발음을 들을 수 있습니다.
영어 단어를 큰소리로 따라 읽고
밑줄 위에 여러 번 써보세요.

STEP 1 녹음을 들으면서 큰소리로 따라해보세요.

651 strange   652 strawberry   653 street   654 strike   655 strong

656 student   657 study   658 stupid   659 subway   660 sugar

STEP 2 단어를 줄에 맞춰 따라쓰기를 한 다음 직접 또박또박 써보세요.

651 **strange**
[streɪndʒ] 스트레인쥐

⑱ 이상한, 낯선

strange strange

a **strange** sound 이상한 소리

652 **strawberry**
[strɔ́ːberi] 스트로오베리

⑲ 딸기

strawberry strawberry

strawberry jam 딸기 잼

653 **street**
[striːt] 스트리이트

⑲ 길, 거리

street street

a noisy **street** 시끄러운 거리

654 **strike**
[straɪk] 스트라이크

⑧ 치다, 때리다

strike strike

strike a child 아이를 때리다

655 strong

[strɔːŋ] 스트로옹

형 강한

strong strong

a **strong** wind 강한 바람

656 student

[stuːdnt] 스튜우든트

명 학생

student student

a bad **student** 나쁜 학생

657 study

['stʌdi] 스터디

명 공부 동 배우다

study study

study Chinese 중국어를 공부하다

658 stupid

[stuːpɪd] 스투우피드

형 어리석은

stupid stupid

a **stupid** person 어리석은 사람

659 subway

['sʌbweɪ] 서브웨이

명 지하철

subway subway

a **subway** station 지하철역

660 sugar

['ʃʊgə(r)] 슈거(ㄹ)

명 설탕

sugar sugar

a spoonful of **sugar** 설탕 한 숟갈

큐알코드를 체크하면
원어민의 발음을 들을 수 있습니다.
영어 단어를 큰소리로 따라 읽고
밑줄 위에 여러 번 써보세요.

STEP 1 녹음을 들으면서 큰소리로 따라해보세요.

661 summer 662 sun 663 supermarket 664 supper 665 sure

666 surprise 667 sweater 668 sweet 669 swim 670 swing

STEP 2 단어를 줄에 맞춰 따라쓰기를 한 다음 직접 또박또박 써보세요.

661 **summer**

['sʌmə(r)] 썸머(ㄹ)

명 여름

summer summer

last **summer** 작년 여름

662 **sun**

[sʌn] 썬

명 태양

sun sun

rise in the **sun** 해가 뜨다

663 **supermarket**

[suːpərmɑːrkɪt] 슈우퍼ㄹ마아ㄹ킷

명 슈퍼마켓

supermarket supermarket

go to the **supermarket** 슈퍼마켓에 가다

664 **supper**

['sʌpə(r)] 써퍼(ㄹ)

명 저녁식사, 만찬

supper supper

a late **supper** 늦은 저녁식사

665 **sure**

[ʃʊə(r)] 슈어(ㄹ)

형 확신하는

sure sure

be **sure** of one's success ~의 성공을 확신하다

666 **surprise**

[sərpraɪz] 써ㄹ프라이즈

명 놀람 동 놀라게 하다

surprise surprise

be **surprised** at the news 그 소식을 듣고 놀라다

667 **sweater**

['swetə(r)] 스웨터(ㄹ)

명 스웨터

sweater sweater

put on a **sweater** 스웨터를 입다

668 **sweet**

[swiːt] 스위이트

형 단, 달콤한

sweet sweet

a **sweet** cake 달콤한 케이크

669 **swim**

[swɪm] 스윔

명 수영 동 헤엄치다

swim swim

swim in the sea 바다에서 헤엄치다

670 **swing**

[swɪŋ] 스윙

명 그네 동 흔들다

swing swing

get on a **swing** 그네에 올라타다

DAY 03

week 14

STEP 1 녹음을 들으면서 큰소리로 따라해보세요.

671 switch	672 table	673 take	674 talk	675 tall
676 tape	677 taste	678 taxi	679 tea	680 teach

STEP 2 단어를 줄에 맞춰 따라쓰기를 한 다음 직접 또박또박 써보세요.

671 **switch**

[swɪtʃ] 스위취

⑲ 스위치, 전환 ⑧ 맞바꾸다

switch switch

a light **switch** 전등 스위치

672 **table**

['teɪbl] 테이블

⑲ 탁자, 식탁

table table

sit around a **table** 탁자에 둘러앉다

673 **take**

[teɪk] 테이크

⑧ 잡다, 가져가다

take take

take a rabbit in a trap 토끼를 덫으로 잡다

674 **talk**

[tɔːk] 토오크

⑧ 말하다

talk talk

talk too much 말이 너무 많다

172

01 WEEK
02 WEEK
03 WEEK
04 WEEK
05 WEEK
06 WEEK
07 WEEK
08 WEEK
09 WEEK
10 WEEK
11 WEEK
12 WEEK
13 WEEK
14 week
15 WEEK
16 WEEK

675 **tall**

[tɔːl] 토올

⑲ 키가 큰

a **tall** tree 키가 큰 나무

676 **tape**

[teɪp] 테이프

⑲ 테이프

play a **tape** 테이프를 틀다

677 **taste**

[teɪst] 테이스트

⑲ 맛 ⑧ 맛보다

taste sweet 달콤한 맛

678 **taxi**

['tæksi] 택시

⑲ 택시

go by **taxi** 택시로 가다

679 **tea**

[tiː] 티이

⑲ 차

make **tea** 차를 끓이다[달이다]

680 **teach**

[tiːtʃ] 티이취

⑧ 가르치다

teach English 영어를 가르치다

DAY 04

week 14

큐알코드를 체크하면
원어민의 발음을 들을 수 있습니다.
영어 단어를 큰소리로 따라 읽고
밑줄 위에 여러 번 써보세요.

STEP 1 녹음을 들으면서 큰소리로 따라해보세요.

681 team	682 telephone	683 television	684 tell	685 temple
686 tennis	687 test	688 than	689 thank	690 that

STEP 2 단어를 줄에 맞춰 따라쓰기를 한 다음 직접 또박또박 써보세요.

---

681 **team**

[tiːm] 티임

명 팀

team team

a basketball **team** 농구 팀

---

682 **telephone**

[telɪfoʊn] 텔리포운

명 전화기

telephone telephone

answer the **telephone** 전화를 받다

---

683 **television**

['telɪvɪʒn] 텔리비전

명 텔레비전

television television

watch **television** 텔레비전을 보다

---

684 **tell**

[tel] 텔

동 말하다

tell tell

tell jokes 농담하다

174

685 **temple**

['templ] 템플

(명) 절, 사원

temple temple

an old **temple** 오래된 절

686 **tennis**

['tenɪs] 테니스

(명) 테니스

tennis tennis

a **tennis** racket 테니스 라켓

687 **test**

[test] 테스트

(명) 시험

test test

a **test** in Korean 국어 시험

688 **than**

[ðæn] 댄

(전) (접) ~보다, ~에 비하여

than than

older **than** I 나보다 나이가 많다

689 **thank**

[θæŋk] 쌩크

(동) 감사하다

thank thank

thank sincerely 진심으로 감사하다

690 **that**

[ðæt] 댓

(대) 저것

that that

that boy 저 소년

큐알코드를 체크하면
원어민의 발음을 들을 수 있습니다.
영어 단어를 큰소리로 따라 읽고
밑줄 위에 여러 번 써보세요.

STEP 1 녹음을 들으면서 큰소리로 따라해보세요.

691 the	692 then	693 there	694 they	695 thick
696 thin	697 thing	698 think	699 thirsty	700 this

STEP 2 단어를 줄에 맞춰 따라쓰기를 한 다음 직접 또박또박 써보세요.

691 **the**

[ðə; ði] 더; 디

관 그, 저

the the

the book 그 책

692 **then**

[ðen] 덴

부 그 때 접 그리고 나서

then then

since **then** 그 이후

693 **there**

[ðeə(r)] 데어(ㄹ)

부 그곳에

there there

near **there** 거기 근처에

694 **they**

[ðeɪ] 데이

대 그들

they they

They waited. 그들은 기다렸다.

01 WEEK
02 WEEK
03 WEEK
04 WEEK
05 WEEK
06 WEEK
07 WEEK
08 WEEK
09 WEEK
10 WEEK
11 WEEK
12 WEEK
13 WEEK
14 week
15 WEEK
16 WEEK

695 **thick**

[θɪk] 씩

형 두꺼운

thick thick

a **thick** dictionary 두꺼운 사전

696 **thin**

[θɪn] 씬

형 얇은, 날씬한

thin thin

a **thin** paper 얇은 종이

fat thin

697 **thing**

[θɪŋ] 씽

명 물건, 일

thing thing

buy many **things** 많은 것을 사다

698 **think**

[θɪŋk] 씽크

동 생각하다

think think

think carefully 신중히 생각하다

699 **thirsty**

['θɜːrsti] 써어ㄹ스티

형 목마른

thirsty thirsty

feel[be] **thirsty** 목이 마르다

700 **this**

[ðɪs] 디스

대 이것

this this

this table 이 탁자

Practice Test / WEEK 14 /

TEST 1 제시된 영단어의 우리말 뜻을 네모 상자 안에 써넣으세요.

01. strawberry

02. street

03. student

04. subway

05. sugar

06. summer

07. sun

08. supper

09. talk

10. tea

11. telephone

12. television

13. temple

14. tennis

15. test

16. that

17. there

18. they

19. thing

20. think

TEST 2 우리말 뜻 잘 보고 알맞는 영단어를 네모 상자 안에 써넣으세요.

01. 이상한, 낯선

02. 치다, 때리다

03. 강한

04. 공부, 배우다

05. 어리석은

06. 확신하는

07. 놀람, 놀라게 하다

08. 단, 달콤한

09. 수영, 헤엄치다

10. 그네, 흔들다

11. 잡다, 가져가다

12. 키가 큰

13. 맛, 맛보다

14. 가르치다

15. 말하다

16. 감사하다

17. 두꺼운

18. 얇은, 날씬한

19. 목마른

20. 이것

DAY 01

week 15

 큐알코드를 체크하면
원어민의 발음을 들을 수 있습니다.
영어 단어를 큰소리로 따라 읽고
밑줄 위에 여러 번 써보세요.

STEP 1 녹음을 들으면서 큰소리로 따라해보세요.

701 thousand	702 though	703 throw	704 ticket	705 tie
706 tiger	707 till	708 time	709 tired	710 to

STEP 2 단어를 줄에 맞춰 따라쓰기를 한 다음 직접 또박또박 써보세요.

701 **thousand**

[ˈθaʊznd] 싸우즌드

몡 1,000

thousand thousand

three **thousand** 3,000

702 **though**

[ðoʊ] 도우

젭 비록 ~일지라도

though though

though he was young 비록 그는 어렸지만

703 **throw**

[θroʊ] 쓰로우

동 던지다

throw throw

throw a fast ball 빠른 볼[속구]을 던지다

704 **ticket**

[ˈtɪkɪt] 티킷

몡 입장권, 표

ticket ticket

buy a one-way **ticket** 편도 표를 사다

180

week 01
week 02
week 03
week 04
week 05
week 06
week 07
week 08
week 09
week 10
week 11
week 12
week 13
week 14
week 15
week 16

705 tie

[taɪ] 타이

명 넥타이 동 묶다, 매다

tie tie

tie shoes 신발 끈을 매다

706 tiger

['taɪgə(r)] 타이거(ㄹ)

명 호랑이

tiger tiger

tigers roar 호랑이가 으르렁거리다

707 till

[tɪl] 틸

전 접 ~까지

till till

till late at night 밤늦게까지

708 time

[taɪm] 타임

명 시간

time time

a short **time** 짧은 시간

709 tired

['taɪərd] 타이어ㄹ드

형 피곤한

tired tired

be **tired** of hearing 듣는 데 지치다

710 to

[tuː] 투우

전 ~로, ~까지

to to

go **to** the grocery store 식료품 가게에 가다

DAY 02

week 15

큐알코드를 체크하면
원어민의 발음을 들을 수 있습니다.
영어 단어를 큰소리로 따라 읽고
밑줄 위에 여러 번 써보세요.

STEP 1 녹음을 들으면서 큰소리로 따라해보세요.

711 today	712 together	713 tomato	714 tomorrow	715 tonight
716 too	717 tooth	718 top	719 touch	720 town

STEP 2 단어를 줄에 맞춰 따라쓰기를 한 다음 직접 또박또박 써보세요.

711 **today**

[təˈdeɪ] 터데이

몡 문 오늘, 현재

today today

today's newspaper 오늘 신문

712 **together**

[təˈgeðə(r)] 터게더(ㄹ)

문 함께

together together

go to school **together** 함께 학교에 가다

713 **tomato**

[təˈmeɪtoʊ] 터메이토우

몡 토마토

tomato tomato

tomato soup 토마토 수프

714 **tomorrow**

[təmɑːroʊ] 터마아로우

몡 문 내일

tomorrow tomorrow

tomorrow evening 내일 저녁

01
week
02
week
03
week
04
week
05
week
06
week
07
week
08
week
09
week
10
week
11
week
12
week
13
week
14
week
15
week
16

715 **tonight**

[təˈnaɪt] 터나이트

명 부 오늘밤

tonight tonight

tonight's television programs 오늘밤의 텔레비전 프로그램

716 **too**

[tuː] 투우

부 또한, 너무

too too

too big for me 나에게 너무 크다

717 **tooth**

[tuːθ] 투우쓰

명 이, 치아

tooth tooth

brush one's **tooth** 이를 닦다

718 **top**

[tɑːp] 타압

명 꼭대기 형 꼭대기의

top top

the **top** of the mountain 산 정상

719 **touch**

[tʌtʃ] 터취

동 접촉하다, (손을) 대다

touch touch

keep in **touch** 연락을 유지하다

720 **town**

[taʊn] 타운

명 읍, 도시

town town

town and country 도시와 시골

큐알코드를 체크하면
원어민의 발음을 들을 수 있습니다.
영어 단어를 큰소리로 따라 읽고
밑줄 위에 여러 번 써보세요.

STEP 1 녹음을 들으면서 큰소리로 따라해보세요.

721 toy	722 train	723 travel	724 tree	725 trip
726 truck	727 true	728 try	729 tulip	730 turn

STEP 2 단어를 줄에 맞춰 따라쓰기를 한 다음 직접 또박또박 써보세요.

721 **toy**
[tɔɪ] 토이

명 장난감

toy toy

play with a **toy** 장난감을 가지고 놀다

722 **train**
[treɪn] 트레인

명 열차

train train

an express **train** 급행열차

723 **travel**
['trævl] 트래블

명 여행 동 여행하다

travel travel

travel the world 세계를 여행하다

724 **tree**
[triː] 트리이

명 나무

tree tree

a Christmas **tree** 크리스마스 트리

725 **trip**

[trɪp] 트립

명 여행

trip trip

a **trip** to Jejudo 제주도로 여행을 가다

726 **truck**

[trʌk] 트럭

명 트럭, 화물차

truck truck

drive a **truck** 트럭을 운전하다

727 **true**

[truː] 트루우

형 참된, 진짜의

true true

true diamond 진짜 다이아몬드

728 **try**

[traɪ] 트라이

동 노력하다, 시도하다

try try

try hard 열심히 노력하다

729 **tulip**

[tuːlɪp] 튜울립

명 튤립

tulip tulip

a full-blown **tulip** 활짝 핀 튤립

730 **turn**

[tɜːrn] 터어ㄹ언

동 돌리다, 회전시키다

turn turn

turn right 오른쪽으로 돌다

DAY 04

week 15

큐알코드를 체크하면
원어민의 발음을 들을 수 있습니다.
영어 단어를 큰소리로 따라 읽고
밑줄 위에 여러 번 써보세요.

STEP 1 녹음을 들으면서 큰소리로 따라해보세요.

731 twice   732 umbrella   733 uncle   734 under   735 understand

736 until   737 up   738 use   739 usual   740 vacation

STEP 2 단어를 줄에 맞춰 따라쓰기를 한 다음 직접 또박또박 써보세요.

731 **twice**
[twaɪs] 트와이스

(부) 두 번

twice twice

twice a day 하루에 두 번

732 **umbrella**
[ʌmˈbrelə] 엄브렐러

(명) 우산

umbrella umbrella

carry an **umbrella** 우산을 들고 다니다

733 **uncle**
[ˈʌŋkl] 엉클

(명) 삼촌, 아저씨

uncle uncle

my **uncle** Jim 우리 짐 삼촌

734 **under**
[ˈʌndə(r)] 언더

(전) (부) ~아래에

under under

a bench **under** the tree 나무 아래의 벤치

ON   UNDER

186

01 WEEK
02 WEEK
03 WEEK
04 WEEK
05 WEEK
06 WEEK
07 WEEK
08 WEEK
09 WEEK
10 WEEK
11 WEEK
12 WEEK
13 WEEK
14 WEEK
15 week
16 WEEK

735 **understand**

[ʌndərstǽnd] 언더스탠드

동 이해하다

understand understand

understand clearly 분명하게 이해하다

736 **until**

[ən'tɪl] 언틸

전 접 ~까지

until until

until noon 정오까지

737 **up**

[ʌp] 업

부 위로

up up

up in the sky 하늘 위로

738 **use**

[juːz] 유우즈

명 사용

use use

the **use** of computer 컴퓨터의 사용

739 **usual**

[juːʒuəl] 유우주얼

형 보통의, 평소의

usual usual

at the **usual** time 평소 시간에

740 **vacation**

[veɪkeɪʃn] 베이케이션

명 휴가

vacation vacation

the summer **vacation** 여름휴가

DAY 05
week 15

큐알코드를 체크하면
원어민의 발음을 들을 수 있습니다.
영어 단어를 큰소리로 따라 읽고
밑줄 위에 여러 번 써보세요.

STEP 1 녹음을 들으면서 큰소리로 따라해보세요.

741 vegetable	742 very	743 video	744 village	745 visit
746 violin	747 wait	748 wake	749 walk	750 wall

STEP 2 단어를 줄에 맞춰 따라쓰기를 한 다음 직접 또박또박 써보세요.

---

741 **vegetable**

['vedʒtəbl] 베지터블

명 야채

vegetable vegetable

fresh **vegetables** 신선한 야채

---

742 **very**

['veri] 베리

부 대단히, 몹시

very very

very kind 대단히 친절하다

---

743 **video**

[vɪdioʊ] 비디오우

명 비디오

video video

watch a **video** 비디오를 보다

---

744 **village**

['vɪlɪdʒ] 빌리지

명 마을

village village

a quiet **village** 조용한 마을

188

week 01
week 02
week 03
week 04
week 05
week 06
week 07
week 08
week 09
week 10
week 11
week 12
week 13
week 14
week 15
week 16

745 visit

['vɪzɪt] 비지트

⑧ 방문하다

visit visit

visit in the country 시골을 방문하다

746 violin

[ˌvaɪə'lɪn] 바이얼린

⑲ 바이올린

violin violin

an old **violin** 오래된 바이올린

747 wait

[weɪt] 웨이트

⑧ 기다리다

wait wait

wait for the train 기차를 기다리다

748 wake

[weɪk] 웨이크

⑧ 잠이 깨다

wake wake

wake up early in the morning 아침 일찍 잠에서 깨다

749 walk

[wɔːk] 워어크

⑧ 걷다

walk walk

walk to the school 학교까지 걷다

750 wall

[wɔːl 워얼]

⑲ 담, 벽

wall wall

climb a **wall** 벽을 기어오르다

Practice Test

TEST 1 제시된 영단어의 우리말 뜻을 네모 상자 안에 써넣으세요.

01. thousand

11. tree

02. tiger

12. trip

03. time

13. umbrella

04. today

14. uncle

05. tomorrow

15. use

06. tonight

16. vacation

07. tooth

17. vegetable

08. town

18. video

09. toy

19. village

10. train

20. wall

TEST 2 우리말 뜻 잘 보고 알맞는 영단어를 네모 상자 안에 써넣으세요.

01. 던지다

02. 피곤한

03. 함께

04. 또한, 너무

05. 꼭대기, 꼭대기의

06. 접촉하다, (손을) 대다

07. 여행, 여행하다

08. 참된, 진짜의

09. 노력하다, 시도하다

10. 돌리다, 회전시키다

11. 두 번

12. 이해하다

13. ~아래에

14. 보통의, 평소의

15. 대단히, 몹시

16. 방문하다

17. 바이올린

18. 기다리다

19. 잠이 깨다

20. 걷다

큐알코드를 체크하면
원어민의 발음을 들을 수 있습니다.
영어 단어를 큰소리로 따라 읽고
밑줄 위에 여러 번 써보세요.

STEP 1 녹음을 들으면서 큰소리로 따라해보세요.

| 751 want | 752 war | 753 warm | 754 wash | 755 waste |
| 756 watch | 757 water | 758 way | 759 we | 760 weak |

STEP 2 단어를 줄에 맞춰 따라쓰기를 한 다음 직접 또박또박 써보세요.

751 **want**
[wɔːnt] 워언트
⑧ 원하다

want want

want a CD player 시디 플레이어를 원하다

752 **war**
[wɔː(r)] 워어(ㄹ)
⑲ 전쟁

war war

win a war 전쟁에 이기다

753 **warm**
[wɔːrm] 워ㄹ엄
⑱ 따뜻한

warm warm

a warm day 따뜻한 날씨

754 **wash**
[wɑːʃ] 와아쉬
⑧ 씻다

wash wash

wash oneself 목욕하다

192

755 waste

[weɪst] 웨이스트

동 낭비하다

waste waste

waste time 시간을 낭비하다

756 watch

[wɑːtʃ] 와아취

명 손목시계 동 지켜보다

watch watch

a gold **watch** 금시계

757 water

[wɔːtə(r)] 워어터(ㄹ)

명 물

water water

drink a glass of **water** 물 한 잔을 마시다

758 way

[weɪ] 웨이

명 길, 방법

way way

lead the **way** 길을 안내하다

759 we

[wiː] 위이

대 우리, 우리들

we we

We are agreed. 우리는 찬성이다.

760 weak

[wiːk] 위이크

형 약한

weak weak

a **weak** team 약한 팀

DAY 02
week 16

큐알코드를 체크하면
원어민의 발음을 들을 수 있습니다.
영어 단어를 큰소리로 따라 읽고
밑줄 위에 여러 번 써보세요.

STEP 1 녹음을 들으면서 큰소리로 따라해보세요.

761 wear	762 weather	763 week	764 welcome	765 well
766 west	767 wet	768 what	769 when	770 where

STEP 2 단어를 줄에 맞춰 따라쓰기를 한 다음 직접 또박또박 써보세요.

---

761 **wear**

[weə(r)] 웨어(ㄹ)

동 입고 있다

wear wear

wear light clothes 얇은 옷을 입다

---

762 **weather**

['weðə(r)] 웨더(ㄹ)

명 날씨

weather weather

fine **weather** 좋은 날씨

---

763 **week**

[wi:k] 위이크

명 주, 1주간

week week

this **week** 이번 주

---

764 **welcome**

['welkəm] 웰컴

형 환영받는 감 어서 오십시오

welcome welcome

perfectly **welcome** 대환영으로

194

01 week
02 week
03 week
04 week
05 week
06 week
07 week
08 week
09 week
10 week
11 week
12 week
13 week
14 week
15 week
16 week

765 **well**
[wel] 웰

㉑ 상당히, 잘

a very **well** man 매우 건강한 사람

766 **west**
[west] 웨스트

㉠ 서쪽 ㉡ 서쪽의

west of the city 도시의 서쪽에

N NORTH E EAST S SOUTH W WEST

767 **wet**
[wet] 웻

㉡ 젖은

wet with tears 눈물로 젖다

768 **what**
[wɑːt] 와앗

㉣ 무엇

What is ~? ~은 무엇입니까?

769 **when**
[wen] 웬

㉑ 언제 ㉢ ~할 때

When is ~? ~은 언제입니까?

770 **where**
[weə(r)] 웨어(ㄹ)

㉑ 어디에

Where is ~? ~은 어디입니까?

DAY 03
week 16

큐알코드를 체크하면
원어민의 발음을 들을 수 있습니다.
영어 단어를 큰소리로 따라 읽고
밑줄 위에 여러 번 써보세요.

STEP 1 녹음을 들으면서 큰소리로 따라해보세요.

771 which	772 white	773 who	774 why	775 wide
776 will	777 win	778 wind	779 window	780 wing

STEP 2 단어를 줄에 맞춰 따라쓰기를 한 다음 직접 또박또박 써보세요.

771 which
[wɪtʃ] 위치

때 어느 쪽 형 어느 쪽의

which which

Which is ~? 어느 쪽이 ~입니까?

772 white
[waɪт] 와이트

명 백색 형 흰, 백색의

white white

a **white** lily 하얀 백합꽃

773 who
[huː] 후우

때 누구, 어느 사람

who who

Who is ~? ~은 누구입니까?

774 why
[waɪ] 와이

부 왜

why why

Why is ~? 왜 ~입니까?

775	**wide** [waɪd] 와이드 (형) 넓은	wide wide

a **wide** river 폭이 넓은 강

776	**will** [wɪl] 윌 (동) ~할 것이다	will will

I **will** go ~. 나는 ~할 것이다.

777	**win** [wɪn] 윈 (동) 이기다	win win

win the game 시합에 이기다

778	**wind** [wɪnd] 윈드 (명) 바람	wind wind

a cold **wind** 찬바람

779	**window** ['wɪndoʊ] 윈도우 (명) 창문	window window

break the **window** 창문을 깨뜨리다

780	**wing** [wɪŋ] 윙 (명) 날개	wing wing

spread a **wing** 날개를 펴다

DAY 04
week 16

큐알코드를 체크하면
원어민의 발음을 들을 수 있습니다.
영어 단어를 큰소리로 따라 읽고
밑줄 위에 여러 번 써보세요.

STEP 1 녹음을 들으면서 큰소리로 따라해보세요.

781 winter	782 with	783 woman	784 wonder	785 wood
786 word	787 work	788 world	789 write	790 wrong

STEP 2 단어를 줄에 맞춰 따라쓰기를 한 다음 직접 또박또박 써보세요.

781 **winter**
['wɪntə(r)] 윈터(ㄹ)

몡 겨울

winter winter

winter weather 겨울 날씨

782 **with**
[wɪð; wɪθ] 위드; 위쓰

젠 ~와 함께

with with

go **with** one's friends ~의 친구들과 함께 가다

783 **woman**
['wʊmən] 우먼

몡 여자

woman woman

a nice **woman** 멋진 여자

784 **wonder**
['wʌndə(r)] 원더(ㄹ)

몡 놀라움 됭 놀라다

wonder wonder

wonder really 매우 놀라다

198

785 wood

[wʊd] 우드

(명) 나무

wood wood

cut **wood** 나무를 자르다

786 word

[wɜːrd] 워어ㄹ드

(명) 낱말, 단어

word word

a **word** of advice 충고 한 마디

787 work

[wɜːrk] 워어ㄹ크

(명) 일 (동) 일하다

work work

work on the farm 농장에서 일하다

788 world

[wɜːrld] 워어ㄹ얼드

(명) 세계

world world

a map of the **world** 세계지도

789 write

[raɪt] 라이트

(동) 쓰다

write write

write a letter 편지를 쓰다

790 wrong

[rɔːŋ] 로옹

(형) 나쁜, 틀린

wrong wrong

a **wrong** lie 나쁜 거짓말

week 01
week 02
week 03
week 04
week 05
week 06
week 07
week 08
week 09
week 10
week 11
week 12
week 13
week 14
week 15
week 16

큐알코드를 체크하면
원어민의 발음을 들을 수 있습니다.
영어 단어를 큰소리로 따라 읽고
밑줄 위에 여러 번 써보세요.

STEP 1 녹음을 들으면서 큰소리로 따라해보세요.

⁷⁹¹ yeah	⁷⁹² year	⁷⁹³ yellow	⁷⁹⁴ yes	⁷⁹⁵ yesterday
⁷⁹⁶ yet	⁷⁹⁷ you	⁷⁹⁸ young	⁷⁹⁹ zero	⁸⁰⁰ zoo

STEP 2 단어를 줄에 맞춰 따라쓰기를 한 다음 직접 또박또박 써보세요.

791 **yeah**
[jeə] 예어

(부) 응, 그래 〈찬성/긍정〉

yeah yeah

Oh, **yeah.** 아, 맞아.

792 **year**
[jɪə(r)] 이어(ㄹ)

(명) 해, 년

year year

next **year** 다음 해

2023

793 **yellow**
['jelou] 옐로우

(명) 노랑 (형) 노란색의

yellow yellow

wearing **yellow** 노란 옷을 입은

794 **yes**
[jes] 예스

(부) 예, 응 〈대답〉

yes yes

say **"yes"** "네"라고 말하다

795 **yesterday**

[jestərdeɪ] 예스터ㄹ데이

(명) (부) 어제

yesterday yesterday

the day before **yesterday** 그저께

---

796 **yet**

[jet] 옛

(부) 아직

yet yet

have **yet** to do 아직 ~해야 한다

---

797 **you**

[ju:] 유우

(대) 당신, 당신들

you you

friendship between **you** and me 너와 나의 우정

---

798 **young**

[jʌŋ] 영

(형) 젊은, 어린

young young

a **young** gentleman 젊은 신사

---

799 **zero**

[zɪ(:)roʊ] 지(이)로우

(명) 영[0]

zero zero

above **zero** 영상의

---

800 **zoo**

[zu:] 주우

(명) 동물원

zoo zoo

wild animals in the **zoo** 동물원의 야생동물들

Practice Test

TEST 1 제시된 영단어의 우리말 뜻을 네모 상자 안에 써넣으세요.

01. war

02. water

03. way

04. weather

05. week

06. west

07. what

08. where

09. wind

10. window

11. wing

12. winter

13. woman

14. wood

15. word

16. world

17. year

18. yesterday

19. yet

20. zoo

TEST 2 우리말 뜻 잘 보고 알맞는 영단어를 네모 상자 안에 써넣으세요.

01. 원하다

02. 따뜻한

03. 씻다

04. 낭비하다

05. 손목시계, 지켜보다

06. 우리, 우리들

07. 약한

08. 입고 있다

09. 젖은

10. 백색, 흰, 백색의

11. 넓은

12. 이기다

13. 놀라움, 놀라다

14. 일, 일하다

15. 쓰다

16. 나쁜, 틀린

17. 노랑, 노란색의

18. 당신, 당신들

19. 젊은, 어린

20. 영[0]

Answer Key

	week 01	week 02	week 03	week 04
01	주소	침대	양초	젖소, 암소
02	오후	종, 벨	사탕	컵
03	나이	자전거	자동차	커튼
04	공기	새	상자, 경우	아빠, 아버지
05	공항	생일	고양이	날짜
06	앨범	배	천장	딸
07	동물	몸	중앙	낮, 하루
08	아파트	책	의자	사슴
09	사과	병	분필	책상
10	팔	상자	기회	일기
11	가을	소년	닭	사전
12	아기	빵	어린이	접시
13	가방	다리	교회	의사
14	공	버스	원	개
15	풍선	버터	도시	인형
16	은행	단추, 버튼	시계	돌고래
17	기초	달력	구름	문
18	바구니	케이크	동전	오리
19	목욕	사진기, 카메라	색	귀
20	곰	캠프장, 야영지	모서리, 모퉁이	지구, 땅
01	act	begin	cap	course
02	afraid	bench	captain	cover
03	again	big	carry	cross
04	ago	black	catch	cry
05	all	blow	change	cut
06	always	blue	cheap	dance
07	among	board	chopstick	danger
08	and	bowl	class	dark
09	angry	break	clean	dead
10	answer	breakfast	climb	deep
11	any	bright	clothes	die
12	arrive	bring	club	dinner
13	ask	brother	coat	dirty
14	aunt	brown	cold	draw
15	back	brush	computer	dream
16	bad	build	cook	dress
17	banana	burn	cool	drink
18	band	busy	copy	drive
19	beach	buy	count	dry
20	beautiful	call	country	east

#	week 05	week 06	week 07	week 08
01	먹다	자유로운	마음, 심장	아이
02	기관, 엔진	친구	암탉	왕
03	지우다	과일	하이킹, 도보여행	부엌
04	저녁	놀이, 경기	언덕	무릎
05	예, 보기	정원	구멍	칼
06	눈	대문	휴일	숙녀
07	얼굴	소녀	호스	호수
08	가족	유리, 컵	말	땅, 육지
09	농장	장갑	병원	잎
10	아버지	금	시간	왼쪽, 왼쪽의
11	들판, 경기장	포도	집	다리
12	찾다	풀, 잔디	백(100)	편지, 글자
13	손가락	녹색	얼음	빛, 밝기
14	불	땅, 기초	생각	선, 줄
15	기, 깃발	단체, 그룹	아픈	사자
16	마룻바닥	머리카락	잉크	입술
17	꽃	손	섬	목록
18	음식	핸들, 손잡이	직업, 일	행운
19	바보	모자	주스	점심
20	발	머리	열쇠	우편
01	empty	forget	heavy	kill
02	end	fresh	here	kind
03	enjoy	front	hide	knock
04	enough	fun	high	know
05	excellent	gentle	hit	large
06	excite	get	hold	last
07	exercise	give	hope	late
08	fair	glad	hot	laugh
09	fall	go	how	lead
10	fat	good	hungry	learn
11	famous	grandmother	hurry	leave
12	feel	gray	hurt	lesson
13	few	great	interest	library
14	fight	grow	into	listen
15	fill	half	introduce	little
16	fine	happen	join	long
17	finish	happy	jump	look
18	fish	hate	jungle	lose
19	fix	have	keep	mad
20	fly	hear	kick	make

	week 09	week 10	week 11	week 12
01	남자, 사람	코	장소	지붕
02	지도	공책	계획	방
03	시장	숫자	비행기	장미
04	고기	간호사	식물	자
05	메달, 훈장	사무실	경찰	소금
06	멜론	기름, 석유	감자	모래
07	미터	바지	선물, 현재	학교
08	우유	종이	문제	점수
09	100만	부모님	밀다	바다
10	거울	공원	여왕	계절
11	돈	파티	질문	모양
12	원숭이	평화	조용한	양
13	달	연필	무지개	배
14	입	사람들	기록하다	셔츠
15	영화	피아노	식당	신발
16	음악	소풍	쌀, 밥	가게
17	이름	조각	오른쪽, 옳은	어깨
18	목	돼지	강	기호, 서명
19	밤	조종사	길	은
20	소음	소나무	바위	크기
01	marry	now	play	roll
02	meet	off	poor	round
03	middle	often	post	run
04	minute	old	practice	sad
05	model	once	pretty	safe
06	month	only	print	say
07	morning	open	pull	seat
08	mother	other	put	see
09	mountain	out	quick	sell
10	move	page	rain	send
11	much	paint	read	shoot
12	must	pair	ready	short
13	narrow	pardon	real	shout
14	near	pass	red	show
15	need	pay	remember	shower
16	new	pear	repeat	shut
17	news	pick	rest	sick
18	next	picture	return	side
19	nice	pin	rich	sing
20	north	pink	ride	sit

week 13	week 14	week 15	week 16
01 치마	딸기	1,000	전쟁
02 하늘	길, 거리	호랑이	물
03 비누	학생	시간	길, 방법
04 축구	지하철	오늘, 현재	날씨
05 양말	설탕	내일	주, 1주간
06 아들	여름	오늘밤	서쪽, 서쪽의
07 노래	태양	이, 치아	무엇
08 소리	저녁식사, 만찬	읍, 도시	어디에
09 남쪽	말하다	장난감	바람
10 공간, 우주	차	열차	창문
11 속도	전화기	나무	날개
12 운동, 경기	텔레비전	여행	겨울
13 봄, 용수철	절, 사원	우산	여자
14 정사각형	테니스	삼촌, 아저씨	나무
15 계단	시험	사용	낱말, 단어
16 우표, 도장	저것	휴가	세계
17 별	그곳에	야채	해, 년
18 역, 정거장	그들	비디오	어제
19 막대기	물건, 일	마을	아직
20 돌	생각하다	담, 벽	동물원

week 13	week 14	week 15	week 16
01 sleep	strange	throw	want
02 slide	strike	tired	warm
03 slow	strong	together	wash
04 small	study	too	waste
05 smell	stupid	top	watch
06 smile	sure	touch	we
07 snow	surprise	travel	weak
08 so	sweet	true	wear
09 soft	swim	try	wet
10 some	swing	turn	white
11 speak	take	twice	wide
12 stand	tall	understand	win
13 start	taste	under	wonder
14 stay	teach	usual	work
15 steam	tell	very	write
16 step	thank	visit	wrong
17 stop	thick	violin	yellow
18 store	thin	wait	you
19 storm	thirsty	wake	young
20 story	this	walk	zero